博士论丛

环境规制与出口贸易利益问题研究

Study on Environmental Regulation and Export Trade Interests

章秀琴 著

Environmental Regulation

中国科学技术大学出版社

内 容 简 介

研究新形势下我国的环境规制是促进还是抑制贸易竞争力，以及可持续发展下环境规制与国际贸易利益的关系，已成为我国当前发展对外贸易的必然选择。本书从分析可持续发展下对外贸易利益的内涵与衡量方法入手，并在环境规制对贸易影响的分析框架下，通过理论与实证分析环境规制对我国出口贸易的影响；在实证分析出口贸易利益和国际竞争力之间存在正向关联的基础上，基于绿色投入—产出分析法实证分析了我国的出口贸易结构合理度；并以我国环境敏感性产业为研究对象，分别检验了环境规制不促进创新情况下对我国国际竞争力的影响的差异和环境规制促进创新情况下对我国出口贸易利益的影响；在此基础上探寻可持续发展背景下提升我国对外贸易利益的政策和对策建议，具有一定的理论和实际意义。

本书可供国际经济与贸易专业研究生及相关领域从业人员学习参考。

图书在版编目(CIP)数据

环境规制与出口贸易利益问题研究/章秀琴著．—合肥：中国科学技术大学出版社，2016．3

ISBN 978-7-312-03882-2

Ⅰ．环…　Ⅱ．章…　Ⅲ．出口贸易—贸易利益—研究—中国　Ⅳ．F752．62

中国版本图书馆 CIP 数据核字(2016)第 006188 号

出版　中国科学技术大学出版社
安徽省合肥市金寨路 96 号，230026
http://press.ustc.edu.cn

印刷　安徽省瑞隆印务有限公司

发行　中国科学技术大学出版社

经销　全国新华书店

开本　710 mm×1000 mm　1/16

印张　9

字数　166 千

版次　2016 年 3 月第 1 版

印次　2016 年 3 月第 1 次印刷

定价　30.00 元

前　言

人类进入工业文明时代后，随着国际贸易的急剧增长，全球环境污染也日益严重，随之而来的便是贸易和环境的冲突。因此许多国家在推行贸易、投资自由化政策的同时，积极实施环境保护政策和制度。作为发展中国家的中国，长期以来实施“以市场换技术”和过分强调进出口增量，而不管资源消耗和环境污染的外贸战略；而且，由于我国出口商品中包含大量的高耗能产品，所以在外贸顺差利益的背后，存在巨大的生态和能源逆差。同时，不考虑资源和环境因素的对外贸易，势必会引致发达国家实施更严格的贸易壁垒。因此，实施环境规制非常必要。研究新形势下我国的环境规制是促进还是抑制贸易竞争力，以及可持续发展下环境规制与国际贸易利益的关系，已成为我国当前发展对外贸易的必然选择。

本书从分析可持续发展下对外贸易利益的内涵与衡量方法入手，并在环境规制对贸易影响的分析框架下，通过理论与实证分析环境规制对我国出口贸易的影响；在实证分析出口贸易利益和国际竞争力之间存在正向关联的基础上，基于绿色投入—产出分析法，实证分析了我国的出口贸易结构合理度；并以我国环境敏感性产业为研究对象，分别检验了环境规制不促进创新情况下对我国国际竞争力的影响的差异和环境规制促进创新情况下对我国出口贸易利益的影响；在此基础上探寻可持续发展背景下提升我国对外贸易利益的政策和对策建议，具有一定的理论和实际意义。

本书从分析可持续发展范式下贸易利益的内涵入手，提出了用绿色贸易结构合理度、绿色收入贸易条件以及绿色出口收入指数，来衡量低碳经济环境下真实的贸易利益，并基于绿色投入—产出分析法用绿色贸易结构合理度实证分析了我国的绿色出口贸易利益情况。然后，通过将创新、环境规制和竞争力一起纳入分析框架中，先在封闭经济系统下分析环境规制对国际竞争力如何影响，然后再扩展到开放系统下；同时，跳开以前主要从供给方面研究的缺陷，从需求方面分析了环境规制对国际竞争力的影响及其影响机理。最后，在实证分析出口贸易利益和国际竞争力存在正向关联的基础上，先在环境规制不促进创新的前提下，区分内生、外生环境规制，并基于修正后的贸易引力模型，实证分析了内生和外生环境规制对于我国6大类环境敏感性产品出口竞争力的影响情况；再基于出口收入指数法，测度分析了我国环境敏感性行业出口贸易利益，并实证检验了在环境规制促进创新情况下我国环境敏感性各行业出口利益的影响因素及其影响机制。

基于上述研究，本书得出以下结论：

理论研究表明，在现有衡量贸易利益的指标中纳入资源和环境因素后，可用绿色贸易结构合理度、绿色收入贸易条件以及绿色出口收入指数来衡量低碳经济环境下真实的贸易利益。面板回归分析结果表明，出口贸易利益和国际竞争力之间存在着正向关联。一国实施环境规制会对其企业的环境成本产生直接和间接的影响，而且在开放经济系统下，在三种不同情况下，国内企业的竞争力会受到不同的影响：第一种情况，若国内两家企业均不进行创新，环境规制必定使外国厂商市场份额上升，但对本国厂商的市场份额和利润的影响，则取决于许可证的需求价格弹性以及可用的许可证的数量；第二种情况，若国内两家企业均尝试创新，并以相同成本获得更好的技术情况下，环境规制是否会增加贸易竞争力而带来贸易利益，主要取决于进行创新前后的环境规制成本的比较；第三种情况，若国内其中一家企业试图创新而另一家则保持其原有的技术情况下，创新公司的市场份额将会比非创新企业的大，而且只有一个企业创新比两个企业创新时创新的收益更高。此外，环境政策的变化还会影响经济的需求方面：在消费者更偏好环境友好方式生产产品的情况下，实施更严苛的环境规制会增加对国产商品的需求。

实证研究表明，对于具有较大绿色影响力但出口不足的产业，要同时利用市场机制和政府扶持两种手段，促进这些产业部门的出口，而对于绿色影响力系数排名比较靠后但绿色出口影响力系数排名靠前的产业部门，则重点提升其在国民经济中的绿色影响力。内生和外生环境规制对我国污染密集型产品的出口竞争力的影响均呈倒U形曲线，即起初出口竞争力随着环境规制更加苛刻而提高，到达拐点后，则随着环境规制加强而下降；当前我国环境敏感性行业出口利益整体上呈增加态势，但仍旧依靠劳动密集型和资源密集型获取贸易利益；资源密集型行业的钢铁行业和技术密集型的化学和制药业的出口利益与内生、外生环境规制显著性正相关，而劳动密集型的纺织行业的出口利益与内生、外生环境规制显著性负相关。

作者

2015年10月16日

目　录

第1章　导　　论

1.1　研究背景与意义

1.1.1　研究背景

利益是人们需要的社会转化，它反映着特定历史阶段内人与人之间的社会关系，其实质是特定的社会关系。可见，客观的社会经济环境会制约贸易利益，同时贸易利益又会反作用于社会经济环境。当前国际贸易利益理论是在一定的社会经济环境基础上发展起来的，并随着社会经济环境的变化而不断变化。

因此，研究对外贸易利益，首先必须要研究其赖以生存的社会经济环境，这也是研究可持续发展下我国对外贸易利益问题的逻辑起点。关于环境规制与对外贸易利益问题研究主要是基于以下3方面经济背景和环境的变化。

1. 经济形态的演化：从工业经济到新经济

人类社会主要经历了农业经济—工业经济—知识经济三大经济形态的演化。在农业经济时代①，国际贸易是在自然经济基础上进行，经历了从自愿的、单纯的互通有无，到暴力控制下的牟利为主两个阶段，决定贸易流向和贸易利益的主要是各国的自然资源和各自固有的生产技能的差异。在工业经济时代，世界日益成为一个经济整体，并形成了一个由西欧、北美国家生产和出口工业制成品，其余国家生产和出口初级产品并进口欧美制成品的国际分工和世界贸

---

① 刘梅娟.森林自然资本公允价值计量研究[D].南京林业大学，2009：1.

易格局，各国因生产技术不同而产生的成本差异成为决定贸易模式和贸易利益的重要因素[①]。工业经济时代下，知识资源对创造财富、经济发展及社会贡献的作用还不太明显。随后，世界经济进入一种全新的经济形态——新经济时代，这种经济形态是以信息经济与高技术经济为主要支撑的知识经济，其经济模式强调经济、环境和社会协调发展。可见，新经济是以知识经济为主导、生态经济为基础的可持续发展经济[②]，它是人类创造物质财富、知识财富以及生态利益的综合经济活动。

经济理论研究的深入和社会实践的不断发展表明，当前限制人类经济发展的不再是人造资本的缺乏，而是自然资本的缺乏。工业革命开始时，人以及人造资本是一种稀缺资源，自然资源是不稀缺的，所以工业革命的目的是用机器取代人，这样可以极大地提高劳动生产率。但在今天，人和人造资本已不再是稀缺资源(刘梅娟，2009)，包括自然资源和生态能力在内的自然资本已变成了稀缺资源。而现有国际贸易理论主要强调追求狭义的经济利益，未能考虑社会、生态和环境综合效益[③](叶汝求，2001)。企业通过不断合并来追求规模经济，并进而获取竞争优势，但严峻的环境约束将引发环境污染的全球扩散和生态系统的并发退化。产品生命周期理论为发达国家向发展中国家转移国内已淘汰、高耗能、高污染的资源密集型产业提供理论依据，发展中国家通过牺牲环境和自然资源只是获得了短期的经济利益。所以，贸易双方看似通过国际贸易取得了比较利益，但实际上有一方可能承担了很高的环境成本，长期来看，这种成本甚至大大超过所获得的经济利益[④]。

2. 发展观的演变：从无限增长观到可持续发展观[⑤]

联合国千年生态系统评估报告(MA)的研究表明，人类赖以生存的生态系统服务有60%已处于退化或不可持续利用的状态，近2/3的自然资源消耗殆尽，要拯救生态危机，人类观念的转变是第一要素[⑥]。

早期发展经济学家通过总结发达国家的发展经验，在理论上将发展等同于经济增长，因此得出落后国家只有通过经济增长才能赶超其他国家的结论。国

① 海闻，P. 林德特，王新奎. 国际贸易[M]. 上海：上海人民出版社，2003：8.

② 刘思华. 论可持续经济发展的客观依据与深层逻辑[J]. 生态经济，1999(02)：2.

③ 叶汝求. 中国加入WTO：贸易与可持续发展的挑战[J]. 世界环境，2002(03)：19.

④ 章秀琴，邓小华. 不同范式下贸易利益的内涵和可持续发展下贸易利益的衡量[J]. 现代经济探讨，2012(03)：42.

⑤ 杨峰. 发展哲学与可持续发展[D]. 吉林大学，2008：5-8.

⑥ 程宏伟，冯茜颖，王艳. 自然契约、生态利润与企业可持续发展[J]. 中国工业经济，2010(05)：90.

内生产总值(GDP)便成为衡量与诊断一国经济运行和经济增长的最重要指标,也便形成了"唯GDP增长论"的传统发展理念。实践证明,唯GDP增长论的发展观,的确能促进一国的财富积累和经济增长,但纯粹的经济增长并不能完全反映出一国的收入分配的合理和社会结构的完善,相反,唯GDP增长论却带来了经济高增长下的各种社会和环境问题,诸如两极分化、腐败、生态破坏和环境污染等①。

随着工业化进程的不断深入,人们开始将发展视为经济增长和整个社会发展的统一过程。1968年,以麻省理工学院的米都斯等为代表的全球100多位学者聚会罗马,以人类面临的五大严重问题如人口、粮食、工业、资源和环境等为研究对象,成立了"罗马俱乐部",研究人类的困境与出路(刘梅娟,2009)。1972年,"罗马俱乐部"组织发表了震惊世界的研究报告——《增长的极限》。该报告认为,人类生态足迹的影响因子已然过大,生态系统反馈循环已经滞后,其自我修复能力已受到严重破坏,若继续维持现有的资源消耗速度和人口增长率,人类经济与人口的增长只需百年或更短时间就将达到极限;并呼吁人类转变发展模式:从无限增长到可持续增长,把增长限制在地球可以承载的限度之内②。经济发展过程中不能过度使用资源和破坏环境,要关心资源环境的最终承受力对经济和社会发展的影响,使经济增长与环境保护协调发展。《增长的极限》一方面意味着传统经济增长方式在西方工业化国家的终结,另一方面也为人们认识和发展未来开拓了全新的广阔的视野(刘梅娟,2009)。

20世纪70年代以后,人们重新界定了发展的内涵,认为发展不能和经济增长画等号,发展应该是经济、社会和环境等协调发展的一项系统工程。1972年6月在瑞典首都斯德哥尔摩召开了划时代的联合国人类环境会议。这次会议通过了《人类环境宣言》,提出人类具有享受良好环境的权利,同时也有为子孙后代保护环境的责任;各国有保证不破坏他国,尤其是发展中国家环境的责任。联合国第二个十年国际发展战略报告(1970～1980年)也指出,发展已不仅仅指单纯的经济增长,还包括社会经济结构和社会制度的变迁、社会福利设施的改善等。1983年,法国经济学家Peru的《新发展观》一书的出版,标志着经济社会全面发展观的正式形成,该书中强调发展应具有整体性、综合性和内生性的特点,经济发展应该是经济增长、社会进步和环境保护的协调发展。全面发展观的局限性虽然是更加注重经济和社会发展的统筹协调,但很少考虑到

① 刘梅娟.森林自然资本公允价值计量研究[D].南京林业大学,2009:2.

② 中国林业新闻网.http://www.greentimes.com/green/life/lsshup/content/2010-10/29/content_107053.htm.

子孙后代的环境和发展空间问题[①]。

20 世纪 80 年代以后,"综合发展观"在实践中逐渐演变成"可持续发展观"。1987 年,在新一届联合国世界环境与发展委员会的研究报告——《我们共同的未来》中,首次清晰地阐述了可持续发展观,"可持续发展是指既满足当代人的需求,又不危害后代人的需求和满足能力的发展"。可持续发展的重点是研究人类经济社会发展和环境保护的代际问题,即要兼顾当代人与子孙后代的利益问题。1992 年,在巴西里约热内卢召开的又一届联合国环境与发展大会上,通过了《里约热内卢环境与发展宣言》和《21 世纪议程》两个非常重要的纲领性文件,这也标志着可持续发展观被全球各类国家普遍认可和接受[②]。

3. 贸易与环境:从冲突到协调

人类进入工业文明时代后,随着国际贸易的急剧增长,全球环境污染也日益严重,随之而来的便是贸易和环境的冲突:贸易对环境有害抑或有益?环境规制是促进还是抑制贸易竞争力?这种冲突的主体就是发达国家和发展中国家(简称南北国家)。北方国家基于生态倾销理论提出,南方国家依赖于较低的环境标准形成的产品成本优势,享受着不公正的市场竞争优势,并获取不合理的经济贸易利益。因此,北方国家主张:国际贸易应优先考虑保护环境;可采取关税和非关税措施控制甚至禁止污染环境的产品进口;基于国际标准将贸易产品的环境和资源成本内在化;禁止环境补贴。南方国家基于环境成本转移理论和污染天堂假说提出,南方国家专业化生产并出口劳动密集型和资源密集型产品到北方国家,后者对资源密集产品的消费基本通过进口满足(Ekins,1997),这使得环境污染物以"合理"买卖的形式留在南方国家,而北方国家则因此通过贸易获取改善环境质量的利益。因此,南方国家主张:优先考虑发展;环境措施应基于客观、公正和最低贸易限制;环境成本内在化将严重影响其出口能力;允许合情合理的环境补贴。

其实,南北国家对于贸易和环境冲突的根源在于两者之间形成的特殊贸易模式,这种贸易模式是由于双方经济发展水平、环境价值观以及发展目标的不同决定的。北方国家通过出口资本和技术密集型产品、进口劳动和资源密集型的初级产品,获取来自资源、环境和劳动等方面的相应利益,Robinson(1988)论证了美国污染控制计划的实施已经引起了美国贸易模式的变化,即进口更多资源和环境成本高的商品,从而减少对国内自然资源的消费和环境的破坏;而南

① 金庆昕. 树立科学发展观的战略思考[J]. 华北电力大学学报(社会科学版),2006,(04):6.

② 佚名. 发展观的历史沿革和发展:国际上的几种发展观[J]. 求是,2004(05):32.

方国家因此可获取自身发展所必需的资金和技术等贸易利益。

理论和实践表明，这种国际分工和贸易模式可以通过以破坏资源和环境为代价给南方国家带来短期贸易利益。有些学者基于EKC假说，认为在工业化初期，南方国家无需担忧由专业化生产和出口资源密集型产品所导致的环境质量下降的现象，因为环境质量将会随着人均收入到达一定水平时趋于改善；实际情况也表明，目前绝大多数南方国家已形成了专业化开采自然资源的贸易结构。但从长期来看，这种贸易模式对南方国家产生的负面影响也越来越明显，依靠资源密集型产品出口带来的环境污染转移和生态掠夺，已经造成了严重的社会和经济的不可持续发展，南方国家不能指望通过这种贸易模式缩小与北方国家的经济差距。

首先，在全球贸易和投资自由化环境下，由于南方国家资金缺乏、技术落后以及相对宽松的环境标准，发达工业国家将本国淘汰的技术和产业或污染严重的产业转移到南方国家(Dua 和 Esty，1997)。同时，发达国家将工业或生活消费废弃物大量出口到南方国家进行最后的处置或回收，这不仅污染接收国的环境，还将严重危害其国民身体健康。其次，南方国家由于过度开发利用其限制性的自然资源，出口资源密集型产品，引起生态失衡，长此以往将会引起生态环境和贸易条件均趋恶化。

南北国家由于立场和利益诉求的不同，贸易和环境似乎永远处于不可调和的冲突状态。如果从不偏不倚的全球视角，即协调贸易和环境之间的冲突，我们发现这种冲突主要源自于传统的比较优势理论的固有缺陷，而如何协调贸易和环境，实现贸易利益的双赢和最大化，则需要寻求新的理论依据和解决途径。

从大卫·李嘉图的比较优势原理到赫克歇尔—俄林的要素禀赋理论，新古典贸易理论均充分论证了一个问题，即自由贸易能够促进贸易双方的经济增长和福利改进。这种比较优势原则的影响力十分深远，因此，许多学者运用比较优势原理分析环境对贸易的影响。Siebert(1977)把环境吸收能力定义为一种要素禀赋，并将其引入标准的要素比例模型，讨论了国内产业污染问题。霍斯特·西伯特(2002)的研究认为，环境因素以环境禀赋的方式决定比较优势，国家之间产品相对价格的差异取决于环境资源的丰缺程度，拥有丰富环境禀赋的国家将出口含有较多污染物的商品。但是，对于贸易所带来的环境污染问题，比较优势理论仍然有着其不足之处，因为它仅考虑双方的静态利益，却忽视了动态利益。以出口危险废物为例，由于发达国家处置废弃物的环境成本很高，将其出口可以获取贸易利益，而发展中国家废物处理成本低廉，进口废物甚至还可以得到对方的补贴；根据比较优势原理，这种交易对双方都是有益的。但若考虑环境成本的外部性对自由贸易的福利效应的改变，那么这种交易带来的经济收益甚至不能弥补进口国家自身所受到的环境损失(谢皓,2007)。

传统比较优势理论未考虑外部性造成的市场失灵,国际商品价格没有包含环境成本,而基于庇古税和科斯产权定理的环境成本内部化理论正好弥补了这一缺陷。贸易引起环境破坏的原因不在于贸易自身,而在于市场的失灵和政府政策的失灵,集中体现在未真正实行环境成本内部化。环境成本一般由环境要素价格和外部成本两部分组成,前者受到环境要素禀赋丰缺的影响,后者受一国环境政策和环境标准的影响。在环境标准较宽松,且对环境的破坏投入较低治理费用的国家,环境成本低,相反,则环境成本高。环境成本内部化即指在生产成本中纳入环境成本,以体现环境资源的稀缺性,同时也消除了外部性。环境成本内部化手段除了征收庇古税、明晰环境产权并交易外,20 世纪 90 年代后,又发展了实施环境标志、推广 ISO14000 等新型经济手段。不过,环境成本内部化在实践中还存在着一些困难,如环境资源的价格确定和产权界定以及环境政策失灵等①。

在上述背景下,作者提出以下问题:① 如何界定贸易和环境协调下的贸易利益内涵?可持续发展下贸易利益如何衡量?② 环境规制会影响一国的贸易模式,那么其影响机理是什么?环境规制对国际竞争力的影响机理是什么?③ 环境规制是否及如何影响我国环境敏感性产业的出口竞争力?④ 贸易利益可以用贸易条件、贸易结构以及出口技术含量来衡量,那么,在用出口技术含量衡量贸易利益的情况下,环境规制是增加抑或减少了我国环境敏感性行业的出口利益呢?

1.1.2 研究意义

在当前经济全球化背景下,国际贸易利益分配具有多元性和复杂性的特点,衡量一国的贸易利益要综合考虑表面利益与潜在利益两个方面②。根据国家统计局相关数据显示,1978～2000 年间,中国进出口贸易总额从 206 亿美元扩大到 4 743 亿美元,居世界位次由 1978 年的第 29 位跃升至 2000 年的第 8 位。2001 年加入 WTO 之后,我国通过大幅度削减关税水平,逐步取消非关税壁垒,进一步促进了对外贸易的发展。截至 2012 年底,我国进出口贸易总额达

① 章秀琴,邓小华. 不同范式下贸易利益的内涵和可持续发展下贸易利益的衡量[J]. 现代经济探讨,2012(03):41-42.

② 李真. 经济全球化条件下我国贸易利益影响因素分析:基于技术进步和国际制度视角的考察[J]. 马克思主义研究,2009(12):76-85.

到38 667亿美元，首次超过美国，居世界位次也进一步上升到第1位。在经济增长层面，我国经济增长对全球经济增长的贡献度在扩大。2002～2012年间，全球经济跌宕起伏，但中国经济对世界经济增长的贡献率超过20%。

中国作为发展中国家，由于长期以来实施“以市场换技术”和过分强调进出口增量的外贸战略，因此出现隐性贸易利益流失问题根本就不必大惊小怪。由于我国出口商品中包含大量的高耗能产品，在外贸顺差利益的背后，存在巨大的生态和能源逆差。潘家华(2008)对中国进出口贸易中的内涵能源①测算后发现②，出口内涵能源主要集中于服装、机械等低技术高资本的生产部门，而美国、日本和欧盟等发达国家成为中国“生态逆差”的主要受益方；同时，上述这些国家为了保护本国制造产品的竞争力，通过提高能源效率标准，限制从我国进口能耗产品，而进一步减少我国贸易利益。

除了内涵能源逆差带来的外贸顺差的折损之外，账面显示的贸易顺差也不能代表真实贸易利益。在中国出口总额中，外商投资企业的出口额所占的比重在稳定上升，从1997年的40.98%上升到2009年的55.9%。这意味着中国有一半左右的出口贸易收益被外商投资企业获得，而这些外资企业又将大部分利润转汇回本国。因此，中国只从顺差中获得了工资和租金上的好处，却没有留下顺差带来的巨大利润，中国巨额出口实际仅占中国国内生产总值的10%③。

近年来，伴随着经济快速增长和城市化进程加快，以及我国进出口贸易的快速发展，作为“世界加工厂”，我国能源消耗和温室气体排放呈快速增长的趋势，在可视的巨大贸易利益背后其实隐含着巨大的利益折损和流失，这需要我们客观地、科学地正视目前的国际贸易利益流失和分配不均问题。

本书从分析可持续发展下对外贸易利益的内涵与衡量方法入手，并在环境规制对贸易影响的分析框架下，通过理论与实证分析环境规制对我国出口贸易的影响；基于绿色投入—产出分析法，实证分析了我国的外贸结构合理度；并以我国环境敏感性产业为研究对象，分别检验了环境规制不促进创新情况下对我国出口竞争力的影响的差异，和环境规制促进创新情况下对我国出口贸易利益的影响；在此基础上探寻可持续发展背景下提升我国对外贸易利益的政策和对策建议具有重要的理论和实际意义。

---

① 所谓“内涵能源”，是指产品上游加工、制造、运输等全过程所消耗的总能源。

② 潘家华，陈迎. 中国外贸进出口产品中的内涵能源和内涵排放[EB/OL]，http://www.rcsd.org.cn/FCKeditor/userimages/rcsd-20080104040405.pdf.

③ 陈亚艳. 浅析中美贸易失衡与双方利益格局[J]. 当代经济，2008(01)：100-101.

(1) 本书阐述了可持续发展范式下贸易利益的内涵，提出用绿色贸易结构合理度、绿色收入贸易条件以及绿色出口收入指数，来衡量低碳经济环境下真实的贸易利益，并用绿色贸易结构合理度实证分析了我国的绿色贸易利益情况。现有贸易理论范式下，国际贸易的利益主要强调贸易双赢基础上的经济利益以及经济利益衍生的技术进步、福利水平的提高、多样化产品需求的满足等，而未考虑环境污染、自然资源匮乏等对国际贸易格局和利益的影响。在贸易和环境冲突范式下，南北国家因为不同的环境观和发展观而产生不同的贸易利益观，将进一步激化环境问题带来的贸易壁垒。因此，通过环境成本内部化协调贸易和环境之间带来南北国家间关于贸易利益的冲突和分歧，使双方贸易利益的不平衡状态回归到双赢状态，这对我国科学、合理地衡量真实的贸易利益，探讨如何实现低碳经济环境下真实的贸易利益具有重要意义。

(2) 本书从环境规制的含义入手，按时间顺序阐述了环境规制的演进；并从环境规制的实施角度，将其分为三种类型；然后借鉴 Sartzetakis、Constantatos(1995)和 Alpay(2001)的分析框架，将创新、环境规制和竞争力一起纳入分析框架中，先在封闭经济系统下分析环境规制对国际竞争力如何影响，然后再扩展到开放系统下，同时，跳开以前主要从供给方面研究的缺陷，从需求方面分析了环境规制对国际竞争力的影响及其影响机理。这在一定程度上拓展了现有贸易与环境的理论，丰富了环境规制对贸易影响的分析框架。

(3) 不同研究者对环境规制对贸易的影响有着不同的结果和结论。本书在实证分析出口贸易利益与国际竞争力关系存在正向关联的基础上，先在环境规制不促进创新的前提下，区分内生、外生环境规制，并基于修正后的贸易引力模型实证分析了内生和外生环境规制对于我国 6 大类环境敏感性产品出口竞争力的影响情况。基于出口收入指数法，在环境机制促进创新的前提下，测度分析了我国环境敏感性行业出口贸易利益，实证检验了我国环境敏感性各行业出口利益的影响因素及其影响机制。该项研究可以展示环境规制对我国环境敏感型产业国际竞争力和出口利益的影响及其影响因素，也可以为我国制定合理的与贸易政策及其相关的环境政策提供理论支持。

1.2 研究思路、内容与方法

1.2.1 研究思路

从分析可持续发展下对外贸易利益的内涵与衡量入手，并在环境规制对贸易影响的分析框架下，通过理论与实证分析环境规制对我国出口贸易的影响，基于绿色投入—产出分析法实证分析了我国的外贸结构合理度，并以我国环境敏感性产业为研究对象，分别检验了环境规制不促进创新情况下对我国出口竞争力的影响，和环境规制促进创新情况下对我国出口贸易利益的影响。本书为相关部门制订合理的贸易政策及其相关的环境政策，提升可持续发展下我国对外贸易利益提供适当的理论框架以及对策建议。

本书的结构安排如图 1.1 所示：

1.2.2 研究内容

根据本书的研究思路和总的研究框架，我们将重点研究以下内容：

1. 可持续发展下对外贸易利益的内涵与衡量

阐述可持续发展范式下贸易利益的内涵，并提出用绿色贸易结构合理度、绿色收入贸易条件以及绿色出口收入指数来衡量低碳经济环境下真实的贸易利益，最后在雷明教授的研究基础上，基于绿色投入—产出分析法用绿色贸易结构合理度实证分析了我国的绿色贸易利益情况。

2. 环境规制对贸易的影响的机理

从环境规制的含义入手，按时间顺序阐述了环境规制的演进，并从环境规制的实施角度，将其分为三种类型：即命令—控制型，基于市场的激励型环境规制，自愿执行与产品有关的环境措施以及环境管理体系；然后借鉴 Sartzetakis、Constantatos(1995)和 Alpay(2001)的分析框架，将创新、环境规制和竞争力一起纳入分析框架中，先在封闭经济系统下分析环境规制对国际竞争力如何影响，再扩展到开放系统下，同时，跳开以前主要从供给方面研究的缺陷，从需求方面分析了环境规制对国际竞争力的影响及其影响机理。

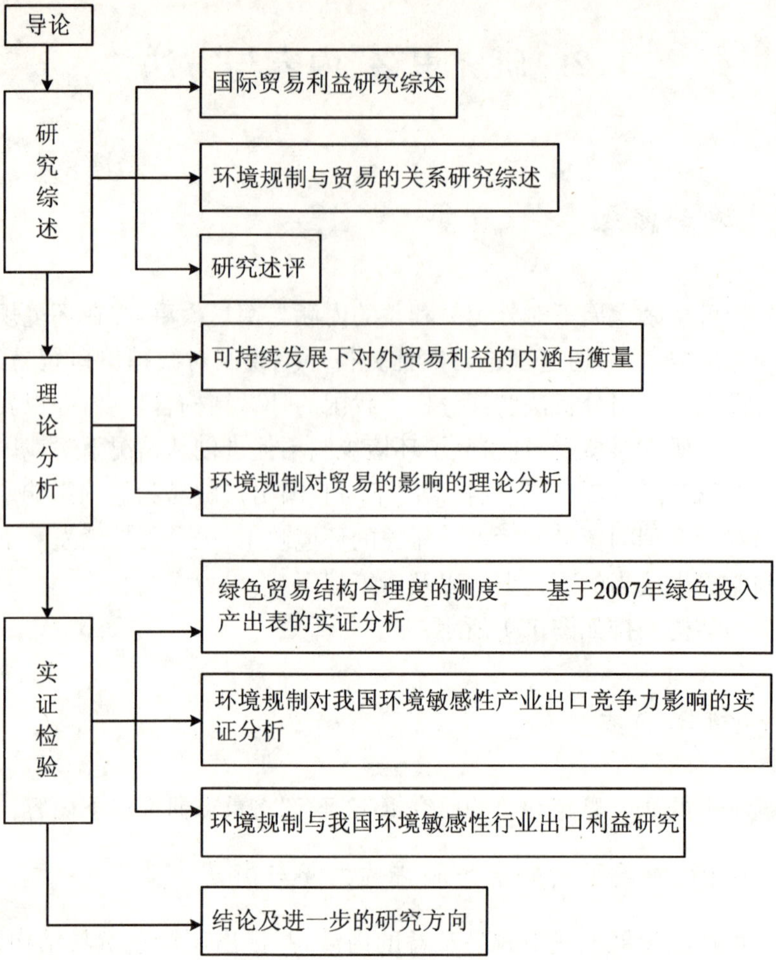

图 1.1　本书的结构安排

3. 环境规制对国际竞争力和出口贸易利益的影响——以我国环境敏感性行业为例

在实证分析出口贸易利益与国际竞争力关系存在正向关联的基础上，先在环境规制没有促进创新的前提下，区分内生、外生环境规制，并基于修正后的贸易引力模型实证分析了内生和外生环境规制对于我国 6 大类环境敏感性产品出口竞争力的影响情况；再在环境规制促进创新的前提下，基于出口收入指数法，测度分析我国环境敏感性行业出口贸易利益，实证检验了我国环境敏感性各行业出口利益的影响因素及其影响机制。

本书的具体章节安排如下：

第 1 章是导论。阐述论题的研究背景和研究意义，说明研究思路、研究内容、研究方法、结构安排以及可能创新之处。

第 2 章是文献综述。首先从国际贸易利益相关研究和环境规制与贸易的关系两个方面进行了文献综述，然后重点就对外贸易利益的内涵和衡量的研究、环境规制对对外贸易的影响的研究进行了述评。这一章是研究的基本出发点，已有的研究成果为本研究提供了理论借鉴和方法论上的指导。

第 3 章是可持续发展下对外贸易利益的内涵与衡量。阐述可持续发展范式下贸易利益的内涵，并提出在现有三种主要衡量贸易利益指标的基础上加入资源和环境因素，即用绿色投入—产出分析法的贸易结构合理度、基于环境成本内部化的绿色收入贸易条件以及基于绿色投入—产出分析法的出口收入指数来衡量低碳经济环境下真实的贸易利益。本章为第 4 章的实证研究打下了理论基础。

第 4 章是绿色贸易结构合理度与贸易利益——基于绿色投入—产出表的实证分析。借鉴北京大学雷明教授的方法，基于可持续发展理论在传统投入—产出表的框架基础上，在主栏增加资源使用和废物排放，宾栏增加资源恢复和废物治理，构建绿色投入—产出模型，然后参照雷明(2011)的研究选择了 18 个产业部门并编制出了我国绿色投入—产出表，接下来基于其里昂惕夫矩阵，计算出绿色影响力系数和绿色推动力系数，确定引入资源和环境因素后的支柱产业和瓶颈产业，并以对应行业产品进出口占比作为因子，最终可以确定出低碳经济环境下外贸结构的合理度。绿色外贸结构合理度越高的行业，则其绿色贸易利益会越大；反之，则越小。

第 5 章是环境规制对贸易的影响的理论分析。从环境规制的含义入手，阐述环境规制的演进以及环境规制的三种类型，并运用面板数据模型回归分析结果发现出口贸易利益和国际竞争力之间存在正向关联，然后借鉴 Sartzetakis、Constantatos(1995)和 Alpay(2001)的分析框架，将创新、环境规制和竞争力一起纳入分析框架中，先在封闭经济系统下分析环境规制对国际竞争力如何影响，然后再扩展到开放系统下。同时，跳开以前主要从供给方面研究的缺陷，从需求方面分析了环境规制对国际竞争力的影响及其影响机理。本章的理论分析为第 6 章和第 7 章的实证研究提供了理论准备。

第 6 章是环境规制不促进创新下对我国环境敏感性产业出口竞争力影响的实证分析。在环境规制不促进技术创新条件下，在区分内生环境规制和外生环境规制基础上，运用修正后的贸易引力模型，实证分析了环境规制对我国不同环境敏感性产品出口竞争力的影响，以验证“传统学派”还是“修正学派”适合该研究期间的我国的情况。

第7章是环境规制促进创新下对我国环境敏感性行业出口利益的影响研究。基于出口收入指数法，测度分析了我国环境敏感性行业出口贸易利益；并在环境规制促进技术创新条件下，构建包括环境规制、技术创新和出口利益等的计量模型，实证分析了我国环境敏感性行业出口利益的影响因素及其影响机制。

第8章是研究结论、政策建议与研究展望。对全书进行总结，并在研究结论的基础上提出可持续发展下提升我国对外贸易利益的政策建议，最后指出了本研究的不足之处和下一步的研究方向。

1.2.3 研究方法

在文献研究的基础上，运用主流经济学理论、国际贸易理论以及现代计量经济学的分析方法，探讨了可持续发展背景下对外贸易利益的内涵与衡量，并基于绿色投入—产出分析法的对外贸易结构的合理度实证研究了我国绿色贸易利益的情况。在开放型经济条件下，以环境规制是否促进技术创新为切入点，分别剖析了环境规制不促进技术创新前提下和环境规制促进技术创新前提下，环境规制对贸易竞争力和贸易利益的影响机理，并以我国环境敏感性行业为研究对象，实证分析和比较我国在所选的研究期内是否满足波特假说。采用的研究方法主要有：

1. 文献分析法

“环境规制与贸易”一直是学术界研究的热点问题，其中贸易利益是一国开展对外贸易的根本动力，亦是国际贸易理论研究中的关键问题。国内外研究者们一直关注并探讨与本课题相关的问题，既有理论方面的研究，也有实践经验总结方面的研究，这些研究对后来的研究的铺垫价值是不容置疑的。作者全面梳理国内外相关研究文献，吸收、借鉴其研究成果和研究方法，这也为我们的研究提供了理论上的支撑。

2. 逻辑分析法

由于现有的衡量贸易利益的指标均未完全考虑自然资源和环境因素，无法真实衡量出一国得自国际贸易的利益，因此运用环境经济学和国际贸易学的原理，提出基于绿色投入—产出分析法、环境成本内部化等基础上的绿色贸易结构合理度、绿色收入贸易条件和绿色出口收入指数，来衡量和评价低碳经济环境下真实的贸易利益。

3. 模型推演法

运用微观经济学、国际贸易学、环境经济学的原理和分析方法，在 Sartzetakis、Constantatos(1995)和 Alpay(2001)的分析框架基础上，将技术创新、环境规制和竞争力一起纳入分析框架中，先在封闭经济系统下分析环境规制对国际竞争力如何影响，然后再扩展到开放经济系统下，同时，跳开以前主要从供给方面研究的缺陷，从需求方面分析了环境规制对国际竞争力的影响及其影响机理。

4. 绿色投入—产出分析法

在北京大学雷明教授的研究基础上，运用可持续发展理论在传统投入—产出表的框架的主栏增加资源使用和废物排放，宾栏增加资源恢复和废物治理，构建了绿色投入一产出模型，并参照雷明(2011)的研究编制了我国 18 个产业部门的绿色投入—产出表，然后基于其里昂惕夫矩阵，计算出绿色影响力系数和绿色推动力系数，确定引入资源和环境因素后的支柱产业和瓶颈产业，并以对应行业产品进出口占比作为因子，最终确定出低碳经济环境下外贸结构的合理度。

5. 计量回归分析法

基于修正后的贸易引力模型，在区分内生和外生环境规制基础上，收集、计算和整理我国环境敏感性行业的出口竞争力指数、进口国家人口和 GDP、我国人均 GDP 以及我国外生环境规制严度等数据，并对固定效应的变截距的面板模型进行回归估计，实证检验了环境规制不促进创新情况下对我国不同环境敏感性产品出口竞争力的影响情况。同时，基于出口收入指数法，在测度分析了我国环境敏感性行业出口贸易利益基础上，收集、计算和整理 2003～2010 年我国的技术、资本、劳动、环境规制、外商直接投资等变量的数据并对计量模型进行回归估计，实证分析了环境规制促进技术创新情况下，我国环境敏感性行业出口利益的影响因素及其影响机制。

1.3　本研究的特色与可能的创新

环境规制与贸易之间的关系问题一直以来就是学术界的热点问题。而国际贸易利益是一国或地区开展对外贸易的动力，是国际贸易理论中的核心问题，也一直受到学术界的关注。对于前者，现有大多数文献主要是在贸易与环境的分析框架下就环境规制对贸易的影响进行的研究，不同学者采用不同分析框架后认为环境规制对贸易的影响有着并不相同的结果。对于后者，国际贸易可以给一国、企业或国民带来利益，这是毋庸置疑的。但由于贸易利益理论散落于各贸易理论之中，未成独立体系，因此，由于理论前提的不同，且随着环境污染、自然资源尤其全球气温渐高对经济增长、国际分工和国际贸易的影响日益加剧，贸易利益的内涵、表现、分配主体和机制以及衡量也会有不同。

尽管现有文献对于两者的研究均卓有成效，但依旧存在可探索的空间：一是现有文献主要用贸易差额、贸易结构、贸易条件及出口技术含量来衡量一国的贸易利益，但没有考虑自然资源和环境因素；二是现有文献主要在环境规制与贸易竞争力的研究框架下并以实证研究为主，忽略了将环境规制、技术创新和贸易竞争力三者纳入一个框架中，来研究环境规制对贸易竞争力乃至贸易利益影响的机理；三是现有文献主要从环境规制对贸易竞争力的影响来考察环境规制对贸易利益的影响，缺少环境规制对贸易利益的直接影响这方面的研究。本研究在此基础上，提出基于绿色投入—产出分析法、环境成本内部化等基础上的绿色贸易结构合理度、绿色收入贸易条件和绿色出口收入指数，来衡量和评价低碳经济环境下真实的贸易利益，并以我国环境敏感性产业为研究对象，分别检验了环境规制不促进创新情况下对我国出口竞争力的影响，和环境规制促进创新情况下对我国出口贸易利益的影响。具体来说，本研究的特色与可能的创新体现在以下 4 个方面：

(1) 由于现有的衡量贸易利益的指标均未完全考虑自然资源和环境因素，无法真实衡量出一国得自国际贸易的利益，因此运用环境经济学和国际贸易学的原理，提出基于绿色投入—产出分析法、环境成本内部化等基础上的绿色贸易结构合理度、绿色收入贸易条件和绿色出口收入指数，来衡量和评价低碳经济环境下真实的贸易利益，并用绿色贸易结构合理度实证分析了我国的绿色贸易利益情况。

(2) 借鉴 Sartzetakis、Constantatos(1995)和 Alpay(2001)的分析框架,将创新、环境规制和竞争力一起纳入分析框架中,先在封闭经济系统下分析环境规制对国际竞争力如何影响,然后再扩展到开放系统下。同时,跳开以前主要从供给方面研究的缺陷,从需求方面分析了环境规制对国际竞争力的影响及其影响机理。这在一定程度上拓展了现有贸易与环境的理论,丰富了环境规制对贸易影响的分析框架。

(3) 在实证分析了出口贸易利益和国际竞争力之间存在正向关联的基础上,运用修正后的引力模型,基于国家层次从投入和需求两个角度分析我国环境敏感性产品的出口竞争优势,用竞争指数代替出口贸易流量,以我国人均GDP和政府环境规制作为投入,视两者分别为内生和外生环境规制,以进口国家的人口和人均GDP作为需求,对引力模型进行了修正,并在环境规制不促进技术创新前提下,实证检验了内生和外生环境规制对于我国6大类环境敏感性产品国际竞争力的影响情况。

(4) 基于出口收入指数法,测度分析了我国环境敏感性行业出口贸易利益;并在环境规制促进技术创新条件下,在环境规制与贸易利益之间建立直接的关系,构建包括环境规制、技术创新和出口利益等的计量模型,实证分析了我国环境敏感性行业出口利益的影响因素及其影响机制。

第2章 文献综述

2.1 国际贸易利益研究综述

2.1.1 国际贸易利益的概念

国际贸易利益是一国参与国际贸易的根本动力，也是国际贸易理论研究的核心内容（曹晓蕾，2010），它是指一国通过国际贸易而获得的较之自给自足经济的货币收入的提高和福利的改善。因此，贸易利益不限于货币形态，而是可以用货币表示的经济利益和无法用货币表示的效用的总和。国际贸易利益最终体现在对外贸易对国家经济和国民生活水平的增长与提高①。

国际贸易利益可以分为静态利益和动态利益，或者狭义利益和广义利益。静态利益即狭义的贸易利益，是指开展贸易后，贸易双方所获得的直接经济利益，它表现为在一定资源总量和生产技术条件下，通过贸易分工而实现实际福利的增长，也即传统贸易理论中的贸易比较利益，一国通过国际贸易能以相同的代价获得比贸易前更多的产品，或者以更低的代价获得与贸易前相同的产品。狭义的贸易利益主要包括三个方面：一是从交换中获得的利益，表现为通过贸易获得本国不能生产或生产成本太高的产品；二是从专业化生产中获得的利益，即通过专业化生产提高生产效率；三是通过出口剩余产品获得利益。可见，狭义的贸易利益是开展国际贸易所追求的基本利益。传统的自由贸易理论强调的主要是国际贸易的静态利益，认为每个国家只要发挥自己的比较优势参

---

① 隋福民，饶鹏. 开放条件下贸易利益内涵的界定及其相关理论评述[J]. 国际贸易问题，2007(01)：121-126.

与国际分工和贸易，就会带来整个世界产量的增加、消费水平的提高以及要素使用的节约(隋福民、饶鹏，2007)。

动态利益即广义贸易利益，是指开展贸易而对贸易双方的经济和社会发展所产生的间接积极影响[①]，诸如促进竞争，加快技术进步，优化和提升产业结构，增加劳动就业，引进先进的观念、制度等等。可见，国际贸易的动态利益一直是国际贸易的主要利益之所在，对一国经济社会发展更为重要(隋福民，2007)。隋福民(2007)还认为，贸易并不总是使贸易各国都获益，在一定的条件下，贸易有可能会使参与贸易的国家受到损失。但是，即使一国在国际贸易中得不到狭义的贸易利益，而且从短期来看是受到了损失，但从长期来看，该国获得广义贸易利益的可能也会促使该国开展贸易，这就找到了当前发展中国家较发达国家更容易在承担贸易亏损的前提下，依然积极地对外开放和加入到国际贸易中来的原因。

由于贸易使一国不同利益主体或获益或受损，因此贸易总体是否给该国带来福利就很难判断。如果明确存在一种福利的补偿机制，即用受益人群的利益所得去补偿受损人群的利益损害，则贸易利益是“现实的”，否则就是潜在的贸易利益(隋福民、饶鹏，2007)。

诚然，国际贸易可以给一国政府、企业和国民带来利益，但由于理论前提的不同以及现实经济的发展，随着环境污染、自然资源尤其全球气温渐高对经济增长、国际分工和国际贸易的影响日益加剧，贸易利益的内涵应有所扩大。姜鸿等(2012)采用投入—产出分析方法，测算了2006～2008年中国与美国货物贸易隐含的二氧化碳排放量，并根据欧盟排放交易体系(ETS)碳排放权价格，评估了中美贸易利益。结果表明，2006～2008年中美贸易的结果是中国无偿为美国排放了二氧化碳。考虑到碳排放权价值后，中方贸易利益减小。中国以牺牲环境为代价的低价格出口模式不可持续，中国有必要调整外贸政策。尹显萍(2008)、臧传琴(2012)实证研究表明，西方国家的SO_2排放量、CO_2排放量与中国SO_2排放量、CO_2排放量之比(环境规制指数)同贸易顺差(进出口指数)存在稳定的负相关性，发达国家相对严格的环境规制使得污染密集型行业生产的产品在中国对外贸易顺差中扮演了重要角色，从而使我国承担了更多的环境成本。

① 张自如，刘崇献. 从对外贸易利益看我国的外贸战略[J]. 价格月刊，2006(03):20-21.

2.1.2 国际贸易利益的来源

诸多不同的经济和贸易理论，从不同角度分析了贸易利益的来源。

1. 国际不平等交换理论

马克思经典的国际不平等交换理论主要是以国际价值理论作为基础，即当交换行为从国内扩大到国际范围时，商品的价值决定于其生产的国际社会必要劳动时间。此时，国际价值成为商品交换的基础，而且不同国家之间的劳动生产率的差别是不平等交换的根源。

之后，西方学者从多个不同角度对国际不平等交换的产生原因和根源进行了分析和研究。最早对马克思国际价值理论作进一步阐释的学者是鲍威尔。他认为，马克思的价格理论较为合理地解释了不同经济发展水平的两个国家或地区之间相互贸易的对抗性。若资本有机构成不同，将在不平等条件下开展贸易；发达国家的资本家除了剥削本国工人，还会不断占有欠发达国家的一部分剩余价值①。普雷维什和辛格认为，产生不平等交换的主要原因是不公正的贸易条件；他们尽管意识到了传统贸易理论仅考虑静态贸易利益的不合理性，但仍然没有考虑到技术扩散、专业化、外商直接投资等因素会带来动态的贸易利益。伊曼纽尔(1988)以传统的生产价格理论作为分析工具，提出工资的不平等是产生国际不平等交换的唯一原因，这显然有失偏颇。阿明基于上述理论提出了阿明的不平等交换理论。该理论认为，国际价值主要以技术依附和人才流失两种形式进行转移，而导致国际价值转移乃至产生不平等交换的根本原因是因为生产率差距引致的工资差距。阿明的理论显然有着一定的创新，但其“技术依附”和“人才流失”的观点并不完全符合当今的国际经济现实。技术扩散外溢比技术依附对发展中国家更为重要；发展中国家的熟练劳动工人因为劳动力不能充分自由流动并没有转移到发达国家。20 世纪 80 年代以来，不少经济学家试图从全新的角度探索国际交换中的不平等交换问题。克鲁格曼(1979，1981)首次运用新经济地理学和区域经济学对南北贸易进行了系统地分析，认为南北国家之间的技术差距以及北方国家的规模经济优势是产生国际不平等交换的重要原因。

我国学者对于国际不平等交换问题的研究主要侧重于国际不平等概念的界定及其原因的分析。陈同仇、薛荣久(1997)认为不等价交换即指没有按照国

---

① 霍华德·金. 马克思主义经济学史[M]. 顾海良，译. 北京：中央编译出版社，2003：190.

际社会必要劳动量来进行交换，由于劳动生产率的差异带来价值的相对变化是造成不等价交换的主要原因。王元璋(2000)认为国际不等价交换即指国际价值的不等量交换，垄断是产生不等价交换的根本原因。关于产生国际不平等交换的原因，曲建忠(2002)认为经济资源的不对称是国际不平等交换产生的根本原因，经济资源包括诸如是否参与贸易规则的制定、对贸易规则的可利用程度、高新技术以及政治和军事力量。钱箭星(2003)认为，经济全球化背景下南北国家之间获取和享用知识的政治权力的不同是产生不平等交换的重要原因。程恩富和马艳(2000,2003)认为，发达国家因为其自身较强的经济实力和政治势力而获取较多的全球经济利益是加大南北国家经济发展的不平衡性的重要原因。李真和马艳(2009)将当前国际不平等交换的原因归纳为：技术对劳动客观条件的影响、技术对劳动主观条件的影响以及国际经济制度权的差异。

2. 比较利益理论

长期以来，指导国际分工的基本理论是比较利益理论。比较利益理论认为，国际分工使各国专业化生产自己有优势的产品，然后通过国际贸易使双方贸易利益最大化①；各国进行国际分工的理论依据包括古典学派的绝对成本理论和比较成本理论、新古典学派的资源禀赋学说。

斯密认为，无论是进口还是出口，都应是市场上的一种自由交换，这种自由交换的结果是双方均会得到好处；而国际贸易和国际分工的原因及基础是各国之间生产技术绝对差别导致的劳动生产率和生产成本的绝对差别；所以各国应集中生产并出口其具有劳动生产率和生产成本"绝对优势"的产品，进口其不具有"绝对优势"的产品，其结果是比自己什么都生产更有利，这就是绝对成本理论②。

李嘉图认为，国际贸易给一国带来利益并不仅仅因为增加了商品价值总额，更因为增加了商品总量。换言之，国际贸易对国家有利是因为它增加了更丰富和价格更低廉的可购买物品的数量与种类③。他因此提出了著名的比较成本理论，该理论认为，每个国家都应集中生产并出口其具有比较优势的产品，进口具有比较劣势的产品④。

---

① 洪银兴.从比较优势到竞争优势：兼论国际贸易的比较利益理论的缺陷[J].经济研究，1997(06)：20.

② 海闻，P 林德特，王新奎.国际贸易[M].上海人民出版社，2003：49-50.

③ 李嘉图.政治经济学及赋税原理[M].商务印书馆，1979：531.

④ 海闻，P 林德特，王新奎.国际贸易[M].上海人民出版社，2003：56.

资源禀赋学说认为，决定各国在不同产品上的相对优势，除了技术差别的因素以外，还有生产要素的禀赋及其在生产中使用的要素比例。因此，各国分工使用本国最丰裕的要素生产并出口该产品，所获得的利益最大。

但资源禀赋学说假定各国资源禀赋状况基本保持不变，这显然与经济现实不符；同时，发展中国家过多生产并出口资源密集型，会导致过度使用自然资源，破坏生态环境，显然不利于发展中国家的可持续发展，也不能获取更大的贸易利益。由于理论和实际原因，这种现象至今仍在一定程度上存在。理论原因是由于传统的要素禀赋理论未将生态环境作为经济发展的一种重要生产要素。实际原因有两个：一是发展中国家衡量经济和贸易利益时未考虑资源环境因素；二是发达国家主要采用进口或 FDI 方式以达到保护本国环境和资源的目的。显然，传统的要素禀赋理论需要将资源和环境要素作为一个内生因素纳入到包括土地、劳动、资本、技术的原有生产要素组合中。

所谓生态环境要素禀赋是指一国或地区的生态环境质量、生态环境的自净能力以及对清洁技术的开发能力等[①]。具体包括：① 自然资源的丰裕程度、可替代性以及可更新程度；② 生态环境对污染物的吸收能力，即在不产生外部成本的情况下生态环境可稀释、吸收污染物的能力；③ 环境技术禀赋，包括对环境污染的技术处理能力和修补能力以及对环境无害技术和治理技术的开发，丰裕的环境技术禀赋的形成是以国家经济发展和科技进步为前提的[②]。

3. 不完全竞争和规模经济的国际贸易理论

古典和新古典经济理论在分析国际贸易时均假定完全产品市场、不变的产品规模报酬。显然，这种假定完全背离了国际贸易的现实。

美国经济学家保罗·克鲁格曼首次用规模经济和不完全竞争代替了上述假定，建立起了一个标准模型来分析当代国际贸易。他在 1978 年所写的《规模经济递增、垄断竞争和国际贸易》一文中建立了简单又明确的“克鲁格曼模型”，强调了产品多样性带来的消费者福利，突破了以往学者主要用社会无差异曲线和消费者/生产者剩余衡量贸易所得和社会福利水平的传统，为衡量贸易所得提供了更多的工具；更为重要的是，通过这一模型分析的结果表明，国际贸易的基础不一定是两国之间技术或者要素禀赋的差异造成的成本乃至价格差异，扩大市场获得规模经济也是企业愿意出口的重要原因。这一理论令人信服地解释了发达工业国家之间的贸易和产品内贸易的重要原因，补充和发展了国际贸

---

① 方时姣. 生态环境要素禀赋论与国际贸易理论的创新[J]. 内蒙古财经学院学报，2004(01)：97-99.

② 黄蕙萍. 环境要素禀赋和可持续性贸易[J]. 武汉大学学报：社会科学版，2001，54(06)：670.

易理论[①]。

4. 要素分工论

20世纪90年代以来，经济全球化深入发展，生产要素尤其是资本要素的跨国流动不断增强，国际贸易的内容和形式都发生了巨大变化，突出表现为中间产品贸易的迅猛发展，同时，“世界制造”成为当代国际贸易商品的本质特征。这就意味着国际分工不再以“产品”为界限，而是以“要素”为界限。原先基于比较成本和要素禀赋的国际产品间分工和贸易进一步让位于基于要素可流动的产品内贸易、垂直专业化贸易和公司内贸易，各国以各自的优势要素参与国际分工并共同完成最终产品的生产，国际分工形式从“产品分工”向“要素分工”发展[②]。

随着国际垂直专业化和要素分工论的发展以及人们对环境问题的关注度提高，很多学者试图把两者联系起来。Dean和Lovely(2008)以Copeland和Taylor(1994)的模型为基础，把我国参与国际垂直专业化的典型代表——加工贸易从普通贸易中单列出来，并假设参与国际垂直专业化的工序相对清洁，采用加工贸易占进出口总额的比例来作为参与国际垂直专业化程度的指标，以COD、SO_2、Smoke、Dust为环境指标，再经过回归分析，得出国际垂直专业化导致我国出口污染强度下降的结论，但其中究竟是国内生产工序的污染强度下降，还是国外生产工序的污染强度下降所致无从知晓。Matthew A.等(2011)借鉴异质企业贸易模型，从发达国家的角度，通过比较外包的收益(包括减排成本的节约)和成本(包括交通、搜寻、维护、监督等方面的费用)来决定是否进行外包。然后采用日本企业层面的数据，利用Logit模型，证实了环境因素是影响企业外包的主要因素之一，即对环境规制敏感的企业更愿意进行外包，至于外包的工序是污染的还是清洁的，则没有检验。上述两篇文献对国际垂直专业化的环境效应进行了有益的探索，但没有从发展中国家视角研究其中的污染工序转移问题。关于国际垂直专业化对我国环境影响存在不同的看法。李小平(2010)采用垂直专业化分工的环境投入—产出表，张少华、陈浪南(2009)和汪丽、燕春蓉(2011)利用行业面板数据模型，表明垂直专业化有利于我国环境改善。刘婧(2009)和牛海霞、罗希晨(2009)利用格兰杰因果关系检验模型，金雪军等(2008)则利用向量自回归(VAR)模型和向量误差修正(VEC)模型，认为垂直专业化导致我国环境恶化。可见，国内外现有文献对国际垂直专业化对

① 海闻，P 林德特，王新奎. 国际贸易[M]. 上海人民出版社，2003：178-182.

② 方勇，戴翔，张二震. 要素分工论[J]. 江海学刊，2012，(04)：88-96.

环境、特别是发展中国家的环境的影响还没有统一的认识，还缺乏专门针对国际垂直专业化中污染工序转移问题的研究①。

前面我们阐述了国际不平等交换理论、比较利益理论、不完全竞争和规模经济的国际贸易理论以及要素分工理论。尽管这些理论从不同角度提及了贸易利益，但是，在现有国际贸易理论范式下，贸易利益主要强调贸易主体的双赢基础上的经济利益及其衍生其他利益，诸如满足多样化产品的需求、提高技术水平、增加社会福利等，而未考虑自然资源消耗和环境污染等对国际贸易格局及其利益的影响。在贸易和环境冲突范式下，南方和北方国家因为不同的发展观和环境观而形成迥然不同的贸易利益观，将会进一步激化资源和环境问题带来的贸易壁垒。因此，通过环境成本内在化协调贸易和环境，以解决南方和北方国家之间关于贸易利益的分歧和冲突，使双方贸易利益从不平衡状态回归到双赢状态，这也为我国合理、科学地衡量真实的贸易利益，以及探讨如何实现低碳经济环境下真实的贸易利益提供了参考。

贸易结构和贸易条件是衡量贸易利益的两个主要常用的指标，近期又兴起了用出口技术含量来衡量出口贸易利益。现有研究文献主要采用贸易结构合理度、贸易条件指数、出口技术含量指数来测度和衡量对外贸易利益，并据此提出维护和提升贸易利益的战略和策略。但随着环境污染、自然资源消耗尤其是全球气温渐高对世界经济增长、国际分工以及国际贸易的影响日益加剧，用贸易结构合理度和出口技术含量来直接或间接衡量和测度一国对外贸易利益，固然考虑了经济和财富的增长，但没有兼顾环境和贸易的协调发展，测度出的对外贸易利益必定不能反映出可持续发展条件下真实的进出口贸易利益；同时，用进口、出口产品价格指数表示的贸易条件指数亦无法衡量出真实的进出口贸易利益，这是因为国际贸易产品价格中没有将环境成本完全包含进来，这其实也是导致贸易和环境冲突的根源。在低碳经济环境下，需要在上述三个指标中纳入自然资源和环境污染因素，本书的第 3 章尝试做了这样的工作，并在第 4 章中对其中的基于绿色投入—产出分析法的对外贸易结构实证分析了我国的绿色贸易利益情况。

---

① 丘兆逸. 国际垂直专业化中污染工序转移研究：以我国为例[J]. 国际贸易问题，2012(04)：107-114.

2.2 环境规制与贸易的关系研究综述

通过对现有相关研究文献的梳理发现,关于这方面的研究,主要集中于环境规制对贸易的影响研究,主要包括环境规制对国际贸易模式的影响、环境规制是否会削弱一国产业的国际竞争力等。只有有限的文献研究了贸易对环境规制的影响。

2.2.1 环境规制与比较优势、贸易模式

比较优势理论表明,一国的比较优势主要来源于本国的技术及其要素禀赋的不同。20世纪70年代以来,国外大量研究将环境规制和环境政策作为一种要素禀赋,并试图检验环境规制对比较优势和贸易模式的影响(Pethig,1976;Siebert,1977,1980;MeGuire,1982;Baumoland Oates,1988;Carraro和Sinisealo,1992;Markusen,1997;Brander和Taylor,1997)。Arrow(1995)、Stern(1996)、Ekins(1997)和Rothman(1998)提出了替代假说(Displacement Hypothesis),即发达国家生产结构的变化与其国内消费结构无关,而是与国外产业的转移和替代有关,环境库兹涅兹曲线(EKC)就明确反映了发达国家的肮脏产业逐渐由欠发达国家替代。Saini-Paul(1994)通过调查发现,收入水平低的贫困国家通常出口污染密集型产品,而收入水平高的富裕国家则进口污染密集型产品。Copeland和Taylor(1995)的研究也表明,一定条件下,污染密集型产业会由环境规制严苛的发达国家向环境规制宽松的发展中国家转移。Cofe(2000)、Janicke(1997)、Stern(1996)于是得出这样的结论,即发达国家和发展中国家基于比较优势理论进行国际专业化生产和分工的结果为:贫困的发展中国家专门生产资源密集型产品和污染密集型产品,而富裕的发达国家则专门生产服务密集型产品和“清洁”产品,但各国的消费模式基本保持不变①。

学者们分别站在发达国家和发展中国家的不同立场,分析环境规制在不同国家的差异和对比较优势及其贸易模式的影响。

① 陆菁.环境规制与国际贸易的实证研究[D].浙江大学,2007:17.

1. 发达国家:生态倾销理论和向底线赛跑理论

(1) 生态倾销理论

发达国家认为,各国环境规制严度的不同造成的产品成本的差异,给发展中国家带来了不公正的成本优势,从而使自己处于竞争的劣势,并进一步认为发展中国家的这种低成本的环境规制对发达国家其实构成了“生态倾销”。因此,发达国家主张世界所有国家应该统一环境标准和环境规制,否则发达国家的政府应该征收“生态倾销税”,或者对于本国企业生产的产品进行财政补贴。

其实,发展中国家实施较低的环境规制并非其真实意愿,而是由于各国不同的环境污染程度及其不同的经济发展水平,所以从客观上会使得发达国家和发展中国家对污染的处理能力也存在不同。发展中国家由于经济发展落后,缺乏有效的资金和较高水平的污染治理技术,显然制定和实施非常严苛的环境规制并不切合实际。尤其在资源短缺的情况下,发展中国家无法兼顾经济发展和环境保护,往往暂时并不考虑环境问题,而是将有限的资源集中用于发展经济。

(2) 向底线赛跑理论

Dua、Esty(1997)和 Esty、Geradin(1997)指出,为了保持贸易自由化下的国际竞争力,各国竞相降低环保标准或放松环境管制,即出现“向底线赛跑”(racing to the bottom)现象,从而将导致世界范围内环境规制的降低。在自由贸易体制下,流动更加自由的资本要素会不断进入环境规制宽松的发展中国家,同时也会进一步提高发达国家的失业率,因此,发达国家也会放松环境规制的严度,这样做会降低全球范围内的环境规制,进而加剧全球的环境污染①。

多数经济学家的研究发现,由于发达国家遵从环境规制的成本并不高,远远低于劳动力成本、市场因素对产品成本的影响,因此较为宽松的环境规制无法激励他们向外转移资金和产业。美国工业中环境成本占生产成本的平均比例仅为1%,污染程度最大的工业的这个比例约为5%。Sorsa(1994)通过分析1970～1990年20年间国际贸易格局后发现,劳动密集型产品出口份额下降较多,1970年环境敏感型产品的出口份额为81.3%,1990年这一比例为81.1%,20年间基本上没有发生变化②。Xu Xin Peng(1999)的研究也发现,1965～1995年间,大部分发达国家实施了严格的环境规制,但他们中的多数的环境敏

---

① Garvey J I. A New Evolution for Fast Tracking Trade Agreements: Managing Environmental and Labor Standards through Extra Territorial Regulation[J]. International Law and Foreign Affairs,2000(05):1-7.

② Sorsa P. Competitiveness and Environment standards[J]. Policy Research Working Paper,Washington D. C:The World bank, 1994:1249.

感产品的以货币计的出口业绩并未发生明显的变化①。

2. 发展中国家视角：环境成本转移理论和污染天堂理论

Ekins、Folke 和 Costanza(1994)指出，发达国家主要通过进口来满足其对于资源密集型产品的消费，因此资源密集型产品在发达国家和发展中国家之间的“生态流动”会造成前者向后者的“环境成本转移”(environmental cost transfer)。发展中国家由于其较为宽松的环境规制，因此通过出口或者 FDI 形式承担起了资源密集型和污染密集型产品的生产以满足发达国家对其的消费，也因此承担了本该由发达国家的承担的污染，或者说把污染物以“合理”买卖或者产业转移的形式留在了国内，致使发展中国家变成了“污染天堂”。

这两种理论其实是一个问题从不同角度的提法，其产生的原因是一样的。不同国家之间的收入水平差距决定了他们制定和实施不同程度的环境规制，从而使得“肮脏”商品的生产成本之间存在差异，进而两国之间开展贸易水到渠成，久而久之，发达国家和发展中国家之间便形成的一种特殊的贸易结构，即：发展中国家通过生产并出口劳动密集型产品和资源密集型产品，进口资本密集型产品和技术密集型产品来获取他们本身发展需要的技术和资金，发达国家则通过进口劳动密集型产品和资源密集型产品获取相应的贸易利益②。同时，自由贸易会导致“肮脏”产业向环境规制宽松的发展中国家迁移，使得发展中国家成为“污染天堂”，而富裕的发达国家的污染会减少。总体看来，世界总的污染水平应该是提高的。

这也显示了比较优势理论面对贸易带来的污染问题却显得无能为力，这是由于古典贸易理论只是考虑了贸易各方的静态利益，而忽视了他们的动态利益。以出口危险废物为例，对发达国家来说，相比较其国内较高的环境处置成本，输出这些废物成本更低，从而可以获利；而对发展中国家来说，其废物处理价格低廉，甚至有的还可以得到出口国家的补贴。显然，根据比较优势理论，双方均可以从这种进出口贸易中获益。但是，在考虑了环境成本的情况下，由于环境成本的外部性会改变自由贸易的福利效应，因此该项交易带来的经济收益并非可以弥补发展中国家受到的环境损失③。

Siebert 等(1980)使用两国贸易模型分析了不同的环境政策与贸易条件之

① Xu X P. Do Stringent Environmental Regulations Reduce the International Competitiveness of Environmentally Sensitive Goods, A Global Perspective[J]. World Development, 1999, 27(7): 1215-1226.

② 谢皓，杜莉. 关于国际自由贸易与环境保护的理论多视角研究[J]. 生态经济，2007，(01)：98.

③ 谢皓，杜莉. 关于国际自由贸易与环境保护的理论多视角研究[J]. 生态经济，2007，(01)：99.

间的关系。结果发现，在相对静态情况下，若出口污染密集型产品的国家实行污染控制政策，就会减少相关产品的市场供给，从而该类产品出口价格就会提高，结果使得其贸易条件得到了改善；这其实也意味着贸易能使出口国实施环境规制会导致部分污染控制成本将转嫁给进口国。若进口污染密集型商品的国家实行环境政策，则会提高本国进口商品价格进而使得其贸易条件恶化；这意味着进口国要想实现既定的政策目标其实需要承担额外的社会成本。然而，现实中上述两种情况发生时，对方的贸易伙伴其实也会采取相应的控制措施，因此，要做出非常严谨的分析其实是非常复杂的。Baumol 和 Oates(1988)通过局部均衡分析指出，若一国不采取环境规制，则其将会增强在污染密集型产品生产和出口上的比较优势，也将会以环境质量下降为代价进行污染密集型产品的专业化生产和出口。而另一国不采取环境规制，那么这会削弱其在该类产品上的比较优势。

对于环境规制与比较优势和贸易模式的关系，不同学者持有不同的理论观点，这也使得实证研究在解决观点分歧中可以发挥作用。然而迄今为止，相关的实证研究结果也并未能达成共识。

Walter(1973)通过对 1968～1970 年的相关数据分析表明，环境控制成本占出口商品总成本的比重仅为 1.75%。Robinson(1988)实证研究表明，美国的出口产品的污染含量的增长率低于进口产品的污染含量的增长率，这就意味着美国趋于进口污染密集型产品，他的研究为“污染天堂假说”提供了非常重要的经验支持。Low 和 Yeats(1992)运用显示性比较优势(RCA)定量分析了肮脏产业移向发展中国家的地区转移现象，结果发现，相对于非污染产业，发展中国家的污染密集型产业的 RCA 值很高，具有很强的竞争优势。Tobey(1990，1993)运用 HOV 模型实证检验了环境规制与污染密集型产品出口之间有直接联系的假说。研究结果表明，两者之间并不存在明显的线性关系，也即意味着环境规制对世界贸易模式不产生明显的影响。Wheeler(2000)则实证研究指出全球接受对外直接投资最多的发展中国家，包括中国、巴西和墨西哥，近年来主要城市的空气污染水平在呈下降趋势，即意味着“污染天堂假说”其实是不成立的。Cole(2004)实证检验了南北国家贸易流量与 10 种污染物排放量之间的关系，结果发现“污染天堂”现象的确存在，不过只是存在小范围内。

国内对这方面的研究较晚。陆菁(2007)分别从全球视角与中国层面检验了环境规制对不同类型污染密集型产业贸易的影响。全球视角的研究表明：环境规制与总的污染密集型产品贸易存在显著正相关，但对可迁移的污染密集型产业贸易的影响较为复杂。当进口国国内环境规制趋于严格时，对于总的污染密集型产品进口需求增加，从而引致贸易量扩大。对于可迁移的污染密集型产业来说,进口国的环境规制趋于严格将会抬高此类产业国际投资的门槛与成本,从而减少可迁移污染密集型产业的投资与贸易。当出口国的环境规制趋于严格时,使得该类产业厂商将产业转向环境规制较为宽松的国家和地区,从而出现投资促进贸易的效应,造成可迁移污染密集型产业贸易流上升。在基于中国层面的实证分析中,研究表明,中国国内的环境规制对中国的进出口贸易基本没有起到促进或者阻碍作用,即中国尚未构建起积极有效的环境规制体系;但中国政府参与国际多边环境合作努力,对中国污染密集型产业的贸易流存在一定的抑制作用[①]。

陆旸(2009)运用HOV模型对不同指标下表明的环境规制是否影响污染密集型产品的比较优势进行了经验分析,研究结果表明:以国际地球科学信息中心网计算的"环境规制"指标进行检验估计时,环境规制根本不影响污染密集型商品的比较优势;但是将人均收入作为内生环境规制指标时,除了非金属矿产品和非铁金属产品以外,内生环境规制显著地提高了钢铁产品、化工产品以及纸和纸浆产品的比较优势。因此他得出了"政府通过降低环境规制严度以获取污染密集型商品比较优势的做法是不可取的,相反,适度地提高环境规制水平却可以提高污染密集型商品的出口竞争优势"的结论[②]。

李玉楠(2012)建立环境规制强度评价体系,计算了产业的环境规制强度,并以HOV模型为基础建立动态面板方程,实证检验了环境规制对我国污染最为密集的四个行业出口贸易的影响。研究结果表明,环境规制对我国污染密集型产业出口贸易的影响是显著的,出口量和环境规制程度之间呈现出"U"型的关系,而且在现有经济水平下大多数制造业处于拐点左侧,环境规制强度的提高仍不利于产业发展和出口贸易[③]。

2.2.2 环境规制与贸易竞争力

在产业层面,国际贸易通常表现为国际竞争力[④]。早期的研究基本上认为一国实行更严苛的环境规制会增加企业生产成本,进而降低了其产品国际竞争力。Robison(1988)以美国为例,运用局部均衡模型分析了降低污染的边际成

① 陆菁.环境规制与国际贸易的实证研究[D].浙江大学,2007:138-139.

② 陆旸.环境规制影响了污染密集型商品的贸易比较优势吗?[J].经济研究,2009,(04):28.

③ 李玉楠,李廷.环境规制、要素禀赋与出口贸易的动态关系:基于我国污染密集产业的动态面板数据[J].国际经贸探索,2012,28(01):34.

④ 郭红燕,刘民权,李行舟.环境规制对国际竞争力影响研究进展[J].中国地质大学学报(社会科学版),2011,11(02):30.

本的变化对其贸易均衡的影响，研究结果发现美国大多数产业的减少污染的边际成本会使其贸易均衡降低。Van Beer 和 Van Den Bergh(1997)的实证研究也发现，严苛的环境规制对非资源型的污染商品的出口有着显著的负面影响。

随后，学者们陆续解释了得出环境规制对贸易的影响不显著的结论的原因。Ederington 和 Minier(2003)、Levinson 和 Taylor(2004)认为不能证明"污染避难所"假说成立的一个重要原因是将环境规制视为外生变量；将环境规制视为内生变量后，发现环境规制对国际贸易其实存在较小但显著的负面效应。Brunnermeier 和 Levinson(2004)则进一步解释道：一是由于后来的研究者们开始使用面板数据；二是视环境规制为内生变量，并寻找合适的工具变量来分解环境规制对国际贸易的效应。Ederington 等(2005)列举了不能证明"污染避难所"假说成立的原因，包括：一是大部分贸易发生在发达国家之间，而环境规制对规制程度差异较大的发展中国家与发达国家之间贸易的影响会更显著；二是对于大部分行业来说，环境规制成本占总成本的比例很小；三是环境规制成本最高的行业较少发生地理转移现象。

以波特为代表的学者们则认为严苛的环境规制会提高本国污染密集型产业国际竞争力(Porter 和 Van der Linde，1995)，恰当设计的环境规制可以激发企业创新，改善环境质量，从而给本国环境敏感性产业带来比较优势，这种长期优势可以弥补环境规制带来的短期损失。随后不少研究结论与波特假说的观点一致，这为严格的环境规制能够增强国际竞争力的观点提供了理论支持。Albrecht(1998)研究发现环境规制对特定产品的出口有一定的刺激作用。Beise 和 Rennings(2005)加入环境创新因素对原有领导市场模型进行扩展，通过案例分析法研究了环境规制与领导市场之间的关系，结果表明，严格的环境规制会产生领导市场，从而提高相关产业的国际竞争力。

同时，也有观点认为环境规制究竟是降低还是提高国际竞争力，在综合考虑多种因素影响的情况下，要看环境成本和技术创新两种作用机制的合力结果，代表人物有 Sinclair-Desgaené(1999)和 Alpay(2001)。多种影响因素包括各种生产投入的性质、产业贸易的形式、控制环境成本的方式、政策变化幅度、要素禀赋以及要素使用密集度等。Caasell 和 Meister(2001)研究发现，新西兰乳制品业的环境控制成本对贸易有显著的影响，但影响的程度依赖于各部门承担环境控制成本的方式。Larson 等(2002)研究表明，由于各国政策变化的幅度、各种生产投入的性质以及对国际市场信息的获取方式和程度的不同，使得环境规制对不同国家出口的影响迥然不同。Cole 和 Elliott(2003)研究发现要素禀赋和要素使用密集度会对环境规制对国际贸易的影响造成影响。Cole 和 Elliott(2005)还进一步考察了污染密集型产业是否会向环境规制较低的国家转移，研究表明，美国的污染密集部门并未向其他国家转移，这可能是由于这些行业密集使用的物质资本和人力资本，对在发展中国家选址投资不构成吸引力。

国内对于这方面的研究开始得较晚。董敏杰、梁泳梅、李钢(2011)以企业污染治理成本作为政府环境规制强度的替代变量，以行业价格水平的变化衡量各行业国际竞争力受影响的程度，利用加入污染治理支付成本的投入—产出模型，测算了环境规制对中国产业国际竞争力的影响。研究结果发现：环境管制尽管对中国贸易部门的价格水平有一定影响，但这种影响尚在可承受的范围内，认为环境规制会降低中国产品国际竞争力的担忧是不必要的①。臧传琴(2011)以我国电力产业为例，实证分析了"波特假说"在中国的适用性问题。结果发现，环境规制与中国电力产业的竞争力之间存在着稳定的正相关关系②。

2.2.3 贸易对环境规制的影响研究

现有的研究较少关注贸易对环境规制的影响，有限的研究可以归纳在以下两个方面：

1. 贸易是否会导致"污染天堂"的出现，最终导致环境规制向底线赛跑

由于发达国家的环境规制比发展中国家的环境规制更为严苛，发达国家将通过出口和对外直接投资把发展中国家变成"污染天堂"(Pollution Havens)。Daly(1993)、Dua 和 Esty(1997)、Esty 和 Geradin(1997)指出，贸易将导致各国为了保持甚至提升自己的"竞争力"而竞相放松本国环境质量标准，从而出现环境规制向底线赛跑(A race to the bottom)的现象，甚至阻碍各国采取行动制定严苛环境规制(A regulatory chill)。

Mani 和 Wheeler(1997)通过考察 1960～1995 年期间，世界主要经济体的贸易和生产模式的转变与环境规制、收入、土地价格和能源价格等因素的关系，发现发展中国家污染密集型产品的出口贸易快速增长时期正是 OECD 成员国处理污染成本迅速上升时期；经合组织成员国的污染密集型产出占整个制造业的比重呈下降趋势，而发展中国家的该比重则呈稳定上升趋势。因此，存在"污

① 董敏杰，梁泳梅，李钢. 环境规制对中国出口竞争力的影响：基于投入—产出表的分析[J]. 中国工业经济，2011(03)：57-67.

② 臧传琴，刘岩. 环境规制对中国电力产业竞争力影响的实证分析[J]. 山东财政学院学报，2011(02)：62-64.

染天堂”。但是，Mani 和 Wheeler 进一步认为“污染天堂”只是短暂的现象，随着经济的增长，发展中国家会通过加强其环境规制对污染密集型企业加以规制。

而且近年来也确实出现了发达国家降低环境标准的实际案例。如：加拿大安大略省政府修改了与环境和自然资源管理相关的法律法规，降低了林业、采矿业以及家具制造业的环境标准；德国政府加速、简化新建企业的投资审批手续，这一行为一定程度上也会对环境产生危害。

然而，Birdsallh 和 Wheeler(1992)的结果与以上观点则截然相反。该研究假设贸易导致“污染天堂”的假设是成立的，那么发展中国家的开放度越高，则其产业的污染程度越高。但是，对拉丁美洲国家的研究表明，20 世纪 70 年代到 80 年代，对外开放度越高的拉美国家，其产业的清洁度反而越高。

Copeland 和 Taylor(1994)的著名的南北贸易模型表明，环境作为一个正常品，自由贸易带来的真实收入的增加，会提高对环境这一正常品的需求。因此，国家的收入越高，其采取的环境规制越严格，反之，则放松环境规制。

2. 国际贸易政策与环境规制的协调问题①

一国的贸易政策和措施可能会给环境带来全球性和区域性的影响，前者如CO_2的排放和生物多样性的减少等。因此，国际贸易政策应该与环境规制协调。

目前，WTO 在全球多边框架内对国际贸易政策与环境规制的协调发挥了一定的作用，而 WTO 作为一个非超越国家主权的机构，这种协调只能通过缺乏强制性的各国市场力量来解决，协调的成功与否完全取决于一国是否愿意合作。因此，在实际中协调全球贸易政策与环境规制的工作其实非常困难。

由于降低了交易费用以及减少了策略行为，区域内贸易政策与环境规制的协调相对具有一定的可操作性，因此，区域合作是协调全球贸易政策与环境规制的有效途径。1994 年成立的北美自由贸易区(NAFTA)就制定了《北美环境合作协议》(NAAEC)，平衡区域内各国贸易政策与环境规制的规则、协调多边环境协议(MEAS)之间的冲突以及防止污染密集型行业向环境规制较为松懈的墨西哥转移，使 NAFTA 成为第一个将贸易政策与环境规制结合起来的地区经济一体化组织，在实践中具有非常重要的借鉴意义。

Anderson(1996)则质疑加入区域贸易协议能推动各成员国之间的环境政策协调的观点，认为贸易参与国主要试图通过策略性地建立改善竞争地位的国

① 肖璐. 国外对贸易自由化环境效应争论的综述[J]. 价格月刊，2007(03)：67-69.

家贸易政策和环境规制来影响区域贸易协议，为获得有利的竞争地位，那些具有严苛环境规制的国家将降低环境规制水平。

我们通过对大量的关于环境规制与贸易之间关系的理论和实证文献的回顾，以及对关于贸易与环境的各类理论争论的梳理，试图挖掘出其中有价值的研究成果。我们注意到，一方面现有的研究集中于环境规制对贸易的影响，而较少研究贸易对环境规制的影响；另一方面，经济学理论的不断创新和发展，为研究环境规制与贸易领域研究提供了更多更新的方法和工具。

有关环境规制对贸易的影响的研究主要包括环境规制对贸易模式和对贸易竞争力的影响的研究。第一类研究的现有相关文献主要基于比较优势理论，从环境规制对一国贸易模式的影响这个层面展开研究的。按照比较优势理论，一国的对外贸易模式主要取决于其比较优势，一国在生产某一产品上具有比较优势，就会倾向于出口该类产品，反之，并不具有比较优势生产该类产品的国家则偏向于进口。随着国际贸易理论和贸易实践的发展，比较优势的内涵逐渐从资本和劳动力这两个基本要素，扩展到技术以及其他要素投入，其中，环境规制就作为一种重要的要素被纳入比较优势的范畴，这也进一步丰富及完善了比较优势的内涵。目前，大多数研究者均认为，贸易并不是自然资源消耗和环境恶化的根本原因，因此单纯依靠贸易政策试图解决环境恶化问题的做法并不可取；但由于不同经济发展水平国家采用不同严度的种类繁多的环境规制，使得环境规制对贸易模式的影响切实存在。

在波特假说出现之前，学者们对于一国国内环境规制越严苛就会影响其比较优势，进而降低国际竞争力这一观点几乎没有异议，然而，随着 Porter 和 Van der Linde(1995)提出了环境规制会带来创新进而会提高一国的国际竞争力后，大量相关文献主要从产业层面研究环境规制对国际竞争力的影响。研究者们对于一国实行环境规制对其污染密集型产业国际竞争力的影响，存在三种观点：以 Viscusi(1983)和 Xepapadeas 和 Zeeuw(1999)为代表的研究者们认为，更严苛的环境规制增加了企业生产成本，进而会降低本国污染密集型产业的国际竞争力；以 Porter 和 Van der Linde(1995)为代表的学者们认为设计恰当的环境规制短期会带来损失和增加环境成本，但长期来看，却可以激发企业进行技术和产品的创新，从而改善环境质量，进而给本国污染密集型产业带来比较优势，以至于能够弥补环境规制带来的短期损失；而以 Sinclair-Desgaené(1999)和 Alpay(2001)为代表的学者们认为，环境规制究竟是降低还是提高污染密集型产业的国际竞争力，需要综合考虑多种因素来分析两种作用机制(即环境成本和技术创新)的合力结果。20 世纪 90 年代以来，国内外学者们采用不同的分析框架对这个问题进行了实证检验。Tobey(1990)、Valluru 和 Peterson

(1997)、Cole 和 Elliott(2003)、Busse(2004)、陆旸(2009)等在 HOV 模型中加入了环境规制变量进行实证研究；而 Van Beers 和 Van den Bergh(1997)、Xu(2000)、Grether 和 de Mole(2003)、陆菁(2007)等则基于贸易引力模型分析框架进行了实证检验。此外，傅京燕等(2010)运用面板数据并采用 FGLS 回归方法，董敏杰等(2011)使用了投入—产出模型实证研究了环境规制对我国相关产业的国际出口竞争力的影响，但并无统一结论。

不同学者所研究的结果不同的原因除了采用不同的分析框架外，还应该有三个主要原因：第一个原因是环境规制仅仅是影响贸易模式和产业国际竞争力的原因之一。换言之，除了环境规制这一重要的影响因素之外，还有许多其他影响因素，比如要素禀赋(物质资本和人力资本)(傅京燕，2010)以及经典的引力模型中的一些影响因素(如 GDP、人口、国土面积等)，而且不同的研究者会基于自己的研究视角选取不同的影响因素。第二个原因是即使选择的研究理论和分析框架相同，模型中选取的变量也相同，但由于不同学者选取的国家/地区、行业的样本会和数据来源不同、环境规制的内涵及测度方法亦会不同，因此研究的结果和结论有差异自然就是情理之中的了。最后一个最重要的原因是很多实证研究中，未能将环境规制、技术创新纳入同一个理论模型中。鉴于此，本书的第 5 章将现有的理论基础上，比较分析了环境规制不刺激创新下对国际竞争力的影响和环境规制刺激技术创新下对国际竞争力的影响，试图同时将环境规制和技术创新纳入同一个理论模型中，分析二者对于一国贸易模式和国际竞争力的影响机制。从理论上来说，产品国际竞争力越大，其出口贸易利益也越多；反之，出口某产品获取的利益越多，其国际竞争力也应该越大。本书在实证分析了国际竞争力和出口贸易利益存在正向关联的情况下，在第 6 章中，在区分内生、外生环境规制的情况下，不考虑创新因素，而仅考察环境规制并基于国家层次从投入和需求两个角度选取相关影响因素，运用修正后的扩展的贸易引力模型实证研究了内生和外生环境规制对我国主要环境敏感性产品国际竞争力的影响。然后在第 7 章我们会以出口收入指数衡量出口利益，并考虑环境规制促进技术创新情况下，建立面板计量模型来实证分析环境规制对我国出口利益的影响情况。

第 3 章　绿色贸易利益的内涵与衡量①

由于理论前提的不同和经济现实的发展，贸易利益的内涵也会不同。传统贸易理论强调追求狭义的经济贸易利益，而未考虑环境污染、自然资源等对国际贸易格局和利益的影响。贸易和环境冲突范式下，南北国家因为各自不同的环境观和发展观而产生迥然不同的贸易利益观；通过将环境成本内部化来协调贸易和环境间的冲突，可以使南北双方贸易利益的不平衡状态回归到双赢状态。在贸易和环境协调前提下，提出用绿色贸易结构合理度、绿色收入贸易条件以及绿色出口收入指数来衡量低碳经济环境下真实的贸易利益。

3.1　不同范式下对外贸易利益的内涵

贸易利益是一国开展国际贸易的根本动力，也是国际贸易理论研究的核心问题。尽管贸易利益理论散落于各贸易理论之中，未成独立体系，但贸易利益作为一国参与国际贸易的动力，一直是贸易理论的核心内容。国际贸易可以给一国、企业或国民带来利益，但随着理论前提的不同，尤其随着环境污染、自然资源尤其全球气温渐高对经济增长、国际分工和国际贸易的影响日益加剧，贸易利益的内涵、表现以及分配主体和机制更为复杂。

---

① 章秀琴，邓小华. 不同范式下贸易利益的内涵和可持续发展下贸易利益的衡量[J]. 现代经济探讨，2012(03):40-43.

3.1.1 现有贸易理论范式下贸易利益的内涵

在早期分工模式下,国际贸易的对象是以最终产品为主。古典贸易理论和新古典贸易理论均肯定了国际贸易能产生利益,并认为可以通过市场机制来实现贸易利益的分配,促进国家福利的最大化,最终提高世界福利水平。贸易利益主要体现在满足消费者多样化产品的需要、专业化生产内生的技术进步、优化资源配置、提高要素报酬等。但由于受制于当时的历史条件和利益立场,古典贸易理论和新古典贸易理论在宏观、静态的基础上分析贸易利益,过分夸大了市场机制的功效,并将个体利益之和混同于整体利益。新贸易理论和新兴古典贸易理论在一定程度上弥补了古典和新古典贸易理论的不足,以企业为研究对象探讨了国际贸易利益的分配,并从经济发展、交易效率和技术溢出等方面分析了动态贸易利益。

可见,现有国际贸易理论只是一味追求狭义的经济利益,而未能考虑社会、生态和环境综合效益(叶汝求,2001)。企业通过不断合并来追求规模经济,并进而获取竞争优势,但严峻的环境约束将引发环境污染的全球扩散和生态系统的并发退化。产品生命周期理论为发达国家向发展中国家转移国内已淘汰、高耗能、高污染的资源密集型产业提供理论依据,发展中国家通过牺牲环境和自然资源只是获得了短期的经济利益。所以,贸易双方看似通过国际贸易取得了比较利益,但实际上有一方可能承担了很高的环境成本,长期来看,这种成本甚至大大超过所获得的经济利益。

3.1.2 贸易和环境冲突范式下贸易利益的内涵

进入20世纪90年代以来,关于环境和贸易的"冲突"尤为激烈,经济乐观主义者和环境主义者两大阵营针锋相对。他们从各自不同的角度和立场去分析贸易与环境冲突范式下贸易利益的内涵。

美国学者威廉·福格特和生态学家保罗·R·埃利希等是环境主义者的代表人物,他们以罗马俱乐部为思想库,发表了《增长的极限》(1972)一书,提出了"零增长论",奉行"环境保护第一主义",提出贸易自由虽然对参与国暂时有利,且能增加全球福利,但是贸易所得的利益常被环境成本所抵消,甚至产生更多的负效应,自由贸易的发展加剧了环境的恶化,贸易是恶化环境的根源。环境主义者运用"环境要素禀赋"理论,把环境资源纳入一国的生产要素体系之中,用以解释国际贸易的起因、模式以及贸易利益等。"环境要素禀赋"的提出基于两个前提:一是环境要素的稀缺性决定了它是有价格的;二是自然条件和技术发展水平不同决定了不同国家、地区的环境要素禀赋的差异是巨大的。同时,环境主义者还提出了"污染天堂"假说,即认为由于各国的环境要素禀赋不同而导致在国际贸易中环境比较优势的存在("环境比较优势"是由国际贸易中各国环境要素禀赋和环境标准的差异共同形成的,它与一国的环境要素禀赋成正比而与一国的环境标准成反比),各国通过激烈的贸易竞争重新配置环境资源,加剧环境恶化。由于环境污染的"不可分性",又造成跨国性全球环境进一步恶化。美国经济学家哈丁(Garre U Hardin)提出的著名的"公地的悲剧",成为环境主义者观点最有力的证据。

针对增长极限论和环境保护主义,以美国学者赫曼、卡恩和经济学家利朱利安、林肯与西蒙等为代表的经济乐观主义者提出了"经济发展决定论"。他们认为,人类是超越于自然界之上,并且认为自然界、环境与经济发展是彼此分离的,市场价格机制和技术进步对资源稀缺性具有缓冲作用,环境污染问题可以在其发生的时候通过开发新的技术而加以解决。因此,社会必须首先发展经济,才有能力负担治理环境污染的投资,而自由贸易的发展有助于经济增长,即有利于环境保护。一个形象的说法就是"在饥饿和空气污染中当然是面包重要"。Copeland 和 Taylor(1994, 1995)对"污染避风港"假说提出怀疑,并通过实证分析得出结论:贸易规模的提高加深了环境污染;但竞争促进的技术进步和规模经济导致世界财富增加,有利于发展对环境无害的产品,刺激环保产品和环保技术的开发,有利于消费者选择较高质量和有效的环境服务,从而降低了环境污染。在上述两个效应的综合作用下,自由贸易的发展最终是促进了环境保护的。

针对环境与贸易冲突的争论不仅体现在理论上,更反映在实践中。譬如,人们不得不越来越多地在贸易所得与生态失衡中权衡决策;各国以保护生态环境为优势行贸易限制的同时,却出现了"以环境保护之名,行贸易保护之实"的现象;南北国家在环境标准的制定和统一中存在着矛盾:发达国家依靠雄厚的经济实力、先进的技术,具有较高的环境偏好、制定较高的环境标准,是倡导"可持续发展"的领头军。这里的"环境偏好"是指由一国的工业化、城市化污染程度等所决定的目前对环境的需求状况。从某种意义上讲,环境标准和环境政策就是一国环境偏好的体现。由于各个国家对环境质量判断标准相差很大,环境偏好各不相同。而发展中国家虽然认识到保护环境对人类生存发展的长远意义,但迫于贫困和人口增长等巨大的社会压力,只能以牺牲环境来获得经济的发展、国民生活水平的提高,因而实施较低的环境标准。发达国家和新兴工业化国家在工业化时期均普遍适用的"环境库兹涅茨曲线"表明:沿着一个国家的发展轨迹，尤其是在工业化的起步阶段，不可避免地会出现一定程度的环境恶化，在人均收入达到一定水平后，经济发展会有利于环境质量的改善①。

总而言之，环境和贸易的冲突反映了新形势下传统国际贸易理论受到的挑战和发展，而实践中两者的不协调则体现出发达国家与发展中国家在不同阶段的经济利益冲突。但是，不论是环境主义的“零增长论”，还是经济乐观主义者的“经济发展决定论”，实际上都将贸易和环境对立起来，存在片面性。

3.1.3 可持续发展下贸易利益的内涵

要正确认识可持续发展下贸易利益的内涵就得首先解决贸易与环境的不协调问题。

在国际贸易中，随着环境问题日益受到人们的重视，传统的贸易理论难以解释贸易与环境的冲突。现有研究将环境因素引入传统贸易理论中，不仅仅考虑贸易的经济效益，还研究了贸易的社会效益、生态环境效应。由于南方国家主要生产和出口劳动、资源密集型的初级产品，北方主要生产和出口资本、技术密集型的产品，如果将环境成本考虑在内，南方国家要承担沉重的环境成本，而北方国家通过贸易自由化使环境得到改善。因此，出现了环境收益与成本的南北不对称。造成不对称性的原因主要有：资源占有和消费水平的不平等，经济发展、生产与消费结构的差距，国际经济斗争与合作中的不平等地位等。这些研究无疑是对传统贸易理论的扩展和延伸，这对我们继续研究和深化国际贸易理论有重要的启发意义。

世界经济南北发展的不平衡，造成对南北贸易和环境的不对称影响。在国际贸易中，南方国家处于明显的劣势地位。南北贸易的不对称地位对南方国家环境的促进作用往往难以转化为现实，而对环境的不利影响却表现得相当充分。因此，南北方在贸易与环境问题上的理论视角存在很大差异，另外南北方在贸易环境价值观、资源保护与环境剥削方面、国内外政策协调上等方面都有分歧。所以，在不同的经济现实条件下，南北学者从各自的立场和视角出发，从而得出了不同的研究结论。例如，关于环境标准，北方认为南方的环境标准过于宽松，使其成为“污染避难所”，并享有成本优势；而南方认为，南北国家发展

---

① 曲如晓，张业茹. 协调贸易与环境的最佳途径：环境成本内部化[J]. 中国人口·资源与环境，2006(04)：17-18.

水平不同,如果统一环境标准,将对南方不利。随着经济全球化的日益深化,南北双方之间的经济发展和环境问题相互依赖。现有的研究主要集中于南北方在贸易与环境问题上的利益冲突,忽视了南北方的共同利益研究。共同利益正是南北方携手协调贸易与环境的关键,即如何从不偏不倚的全球视角,协调贸易和环境之间的冲突。而如何协调贸易和环境实现贸易利益的双赢,则需要寻求新的理论依据和解决途径①。

从大卫·李嘉图的比较优势原理到赫克歇尔—俄林的要素禀赋理论,新古典贸易理论均充分论证了一个问题,即自由贸易能够促进贸易双方的经济增长和福利改进;但是,比较优势理论仅考虑双方的静态利益,忽视了动态利益。

其实,贸易自由化并不是全球环境恶化的根本原因,而环境成本的外部性导致的市场失灵以及政府干预失灵才是环境问题的根源。环境问题常被分为如下两类:生产过程中的环境问题、产品被消费或成为废弃物时发生的环境问题。具体体现为市场未能充分反映产品的全部环境成本时,价格扭曲,发生市场失灵;政府政策不能纠正甚至造成或加剧市场失灵时,就会发生干预失灵。此时,国际贸易的开展和贸易自由化的提高会加剧环境质量的下降。可见,环境保护与贸易自由化之间并不存在根本性的分歧甚至冲突,是可以相互促进、共同发展的,因为它们的最终目标都是经济资源的有效配置。既然环境问题的根源在于环境生产成本中没有或没有完全包含环境成本,那么只要在国际贸易中考虑并纠正环境成本的外部性,就能实现资源的合理配置和环境的有效保护。贸易本身不但不会造成环境问题,而且国际贸易的自由化还将能适应并推动经济的长期可持续发展②。

传统的比较优势理论没有考虑外部性造成的市场失灵和政策失灵,国际商品价格未能将环境成本③包括在内,而基于庇古税和科斯产权定理的环境成本内部化理论正好弥补了这一缺陷。在环境标准较宽松,且对环境的破坏投入较低治理费用的国家,环境成本低;反之,则环境成本高。环境成本内部化就是指将环境成本纳入生产成本中,既体现了环境资源的稀缺性,又消除了负的外部经济效应。环境成本内部化手段除了征收庇古税、明晰环境产权并交易外,20世纪90年代后,又发展了实施环境标志、推广ISO14000等新型经济手段。不

---

① 钟娟.贸易与环境问题的南北关系研究综述[J].中南财经政法大学研究生学报,2007(03):61.

② 曲如晓,张业茹.协调贸易与环境的最佳途径:环境成本内部化[J].中国人口·资源与环境,2006(04):19.

③ 环境成本一般由环境要素价格和外部成本两部分组成,前者受到环境要素禀赋丰缺的影响,后者受一国环境政策和环境标准的影响。

过，环境成本内部化在实践中还存在着一些困难，如环境资源的价格确定和产权界定以及环境政策失灵等。

现有贸易理论范式下，国际贸易的利益主要强调贸易双赢基础上的经济利益以及经济利益衍生的技术进步、福利水平的提高、多样化产品需求的满足等，而未考虑环境污染、自然资源等对国际贸易格局和利益的影响。在贸易和环境冲突范式下，南北国家因为不同的环境观和发展观而产生不同的贸易利益观，将进一步激化环境问题带来的贸易壁垒。因此，通过环境成本内部化协调贸易和环境之间带来南北国家间关于贸易利益的冲突和分歧，使双方贸易利益的不平衡状态回归到双赢状态，这为我国科学、合理的衡量真实的贸易利益，探讨如何实现低碳经济环境下真实的贸易利益提供了参考。

3.1.4　贸易利益的衡量①

对外贸易利益作为一国参与国际贸易的动力，一直是贸易理论的核心内容。国际贸易可以给一国、地区、企业或国民带来利益，但由于理论前提的不同，随着环境污染、自然资源尤其全球气温渐高对经济增长、国际分工和国际贸易的影响日益加剧，贸易利益的测度更为复杂。如何测度中国出口获取贸易利益的真实水平，一直是当代国际贸易理论研究的前沿问题。贸易差额、贸易结构和贸易条件都曾作为衡量贸易利益的重要指标。由于贸易差额仅考虑一国获取的绝对贸易利益，而未能考虑产业结构以及进出口价格对双方实际贸易利益的影响，一国单纯用其衡量贸易利益不尽准确。因此，目前国内外学者常从贸易条件和贸易结构角度来研究衡量和测度贸易利益。

1. 贸易条件与对外贸易利益

贸易条件指数是反映贸易利益的重要指标。国内外学者用贸易条件指数来衡量发展中国家的贸易利益，并且形成了不同的观点。一种观点认为发展中国家不断恶化的贸易条件带来贸易利益的减少，继普雷维什和辛格(1950)首次提出“发展中国家贸易条件恶化论”后，巴格瓦蒂(1958)、克鲁格曼(1979)、Findlay(1980)和辛格(1987)等在此基础上从不同角度支持发展中国家贸易条件不断恶化并导致其贸易利益减少的观点。张碧琼(1999)、赵玉敏(2002)、杜

① 章秀琴，邓小华. 不同范式下贸易利益的内涵和可持续发展下贸易利益的衡量[J]. 现代经济探讨，2012(03):40-43.

哲俊(2005)、曾铮(2005)等实证分析了研究我国贸易条件整体上趋于恶化[①]。Partha Sen(1998)则持另外一种观点,有很多发展中国家,即使其贸易条件在不断恶化,但仍获取了贸易利益[②]。也有学者如 Haberler(1959)认为发展中国家贸易条件随着工业劳动生产率的增长而不断改变。

由于价格贸易条件只是反映单位出口商品的交换能力,而无法反映一国总体的贸易利益,所以 Baldwin(1955)和 Haberler(1961)认为普雷维什提出的价格贸易条件指数不适用于发展中国家,只有收入贸易条件和要素贸易条件才能准确反映发展中国家的贸易利益。杜哲俊(2005)分析发现,1980～2000 年我国价格贸易条件在波动中下降,收入贸易条件明显改善,双项要素贸易条件不容乐观;并从提高矿产资源市场化程度、生产贸易外部性内部化和完善知识产权制度保护等方面,提出要防止和纠正由于国内要素市场和产品市场扭曲导致的贸易条件恶化带来贸易利益的降低。

2. 贸易结构与对外贸易利益

贸易结构是反映贸易利益的重要指标之一,贸易结构合理与否直接影响到一国得自国际贸易的利益。学者们以产业内贸易理论(H. G. Grubel、P. J. Lloyd,1975)等为代表的产业经济变量内生化的国际贸易理论为基础,用对外贸易结构是否与产业结构匹配,来衡量贸易结构合理度。产业结构与对外贸易结构之间是"原像"与"镜像"的关系,产业结构是本体,对外贸易结构是产业结构所反映的影像[③]。因此,分析一国对外贸易结构是否合理,就要看其是否与该国产业结构匹配,是否促进该国的经济发展和技术进步。

产业结构与对外贸易结构匹配的前提和关键是作为"原像"的产业结构是合理的,"镜像"对外贸易结构才不会扭曲成"哈哈镜"。目前,学者们提出产业结构合理性判断标准主要包括产业间比例合理性判断标准和产业关联性判断标准。产业间比例合理性判断标准通常需要借助参照结构,如需求结构、三次产业结构模式,而参照结构与被分析产业结构度量方法的差异缺乏合理性评判准则,因此,该标准的广泛应用受到限制。产业关联性判断标准包括产业技术关联标准和产业交换关联标准。产业技术关联标准主要基于投入—产出模型,

---

① 曾铮,胡小环.我国出口商品结构高度化与贸易条件恶化[J].财经科学,2005(04):162-168.

② Partha Sen. Terms of Trade and Welfare for a Developing Economy with an Imperfectly Competitive Sector[J]. Review of Development Economics, 1998,(02):87-93.

③ 袁欣.中国对外贸易结构与产业结构:"镜像"与"原像"的背离[J].经济学家,2010,(06):67-73.

根据技术矩阵的元素直接消耗系数与经济发展的关系，评价某产业技术关联合理性（周振华，1991）。国内学者在此基础上，采用现有的投入—产出表，通过影响力系数和感应度系数来确定我国国民经济中的支柱产业和瓶颈产业，并根据进出口产品对国民经济系统的不同作用，分析我国对外贸易结构的合理性（沈利生，2003；杨丽华，2011）。

3. 出口技术含量与对外贸易利益

出口技术含量法是近期兴起一种测算研究对外贸易利益的方法。一国欲提高其对外贸易利益，必须优化出口技术结构，因此，该方法实际上是贸易结构法的深化。测度出口技术含量是优化出口技术结构的前提和关键。目前，学者们常用两类方法来测度出口技术含量：一类是技术分类法（OECD，1996；Lall，2000）。该方法主要根据技术含量将产品分为资源型产品、低技术产品、中技术产品和高技术产品，是分析一国贸易结构变动和出口竞争力的主要方法，但在情况下，该方法难以度量产品内分工出口技术含量情况。另一类是指标法，包括出口技术复杂度（Zhi Wang 等，2008；Schott P.，2007；Lall，2006；戴翔，2011）、出口收入指数（Rodrik，2006；Hausmann 等，2007）以及出口相似性指数（Finger 和 Kreinin，1979；Glick 和 Rose，1998）等，该类方法避免了第一类方法的缺点，更适合于解释一国所承担生产环节的技术含量和附加值大小。并提出我国应以现实比较优势为基础，融入产品内国际分工体系，在专业化生产的产品生产环节或国际配套产业链上，更多地通过吸纳全球生产要素实现集成创新和引进消化吸收再创新，不断向产品内高端价值链攀升，实现在中等技术层面对发达国家的追赶，从而逐步提升出口技术复杂度，实现贸易的转型升级，最终带来贸易利益的提升。

3.2　可持续发展下对外贸易利益的衡量

贸易差额、贸易结构和贸易条件都曾作为衡量贸易利益的重要指标。由于贸易差额仅考虑一国获取的绝对贸易利益，而未能考虑产业结构以及进出口价格对双方实际贸易利益的影响，一国单纯用其衡量贸易利益不尽准确。因此，贸易结构和贸易条件是目前常用来衡量贸易利益的重要指标。但是，现有的贸易结构和贸易条件均未完全考虑资源和环境因素，无法真实衡量出一国在国际贸易中获取的贸易利益。因此，我们提出用基于绿色投入—产出分析法的贸易结构合理度(简称绿色贸易结构合理度)、基于环境成本内部化的收入贸易条件(简称绿色收入贸易条件)和绿色出口收入指数从不同角度来衡量和评价低碳经济环境下真实的贸易利益。

3.2.1　基于绿色投入—产出分析法的贸易结构合理度法

从上述分析可知，现有基于对外贸易结构和产业结构匹配的角度，并运用贸易合理度衡量贸易利益的评价标准只考虑了财富的增长，未能考虑产业结构对环境和自然资源的影响。雷明(2011)根据社会成本理论，认为一项经济活动的边际社会成本由边际生产成本、边际使用成本和边际外部成本三部分组成，并以可持续发展理论为基础，将环境和自然资源两个因素引入传统投入—产出模型，建立了绿色投入—产出模型。绿色投入—产出模型是通过绿色投入—产出表来反映资源、生产和废物三者之间的关系。绿色投入—产出表是基于可持续发展理论在传统投入—产出表的框架基础上，主栏增加资源使用和废物排放，宾栏增加资源恢复和废物治理；然后基于绿色投入—产出模型的里昂惕夫矩阵，计算出绿色影响力系数和绿色感应度系数，确定引入资源和环境因素后的支柱产业和瓶颈产业，并以对应行业产品进出口占比作为因子，最终可以确定出低碳经济环境下外贸结构的合理度。绿色外贸结构合理度越高的行业，则其绿色贸易利益会越大；反之，则越小。

3.2.2　基于环境成本内部化的贸易条件指数法

目前，由于环境成本未完全被包含在国际贸易产品价格中，从而用进出口产品价格指数表示的贸易条件指数无法反映一国真实的贸易利益，这也是导致贸易与环境冲突的根源。环境成本的负外部性扭曲了产品价格，市场配置环境资源不能达到帕累托最优，从而会出现过度生产、资源的过度使用和生态环境的日益恶化(曲如晓等，2006)。环境成本内部化后，产品价格包括环境成本在内的全部实际成本，此时的收入贸易条件一定程度上衡量了考虑环境效应后的真实贸易利益。理论上来说，环境成本内部化后的收入贸易条件越高，则本国绿色贸易利益越大；反之，贸易利益则越小。

3.2.3　基于绿色投入—产出分析法的出口收入指数法

由于现有的出口技术含量法在衡量对外贸易利益时均没有考虑环境污染和自然资源因素的影响。因此，我们提出在 Rodrik(2006)以及 Hausmann、Hwang 和 Rodrik(2007)提出的出口收入指数的基础上，运用 3.2.1 中的绿色投入—产出表来计算和分析可持续发展下我国出口的贸易利益状况，我们简称之为绿色出口收入指数。在 Hausmann 等人的出口收入指数基础上，设计一个计算出口产品国内技术含量的指标。因为某一出口产品的全部技术含量不仅是由所在环节的技术含量决定的，也是由其中间投入品的技术含量决定的，所以我们运用绿色投入—产出表剥离中间投入品技术含量中进口所贡献的份额，从而得到该产品的国内技术含量①。

现有贸易理论范式下，国际贸易的利益主要强调贸易双赢基础上的经济利益以及经济利益衍生的技术进步、福利水平的提高、多样化产品需求的满足等，而未考虑环境污染、自然资源等对国际贸易格局和利益的影响。在贸易和环境冲突范式下，南北国家因为不同的环境观和发展观而产生不同的贸易利益观，将进一步激化环境问题带来的贸易壁垒。因此，通过环境成本内部化协调贸易和环境之间带来南北国家间关于贸易利益的冲突和分歧，使双方贸易利益的不平衡状态回归到双赢状态，这为我国科学、合理的衡量真实的贸易利益，探讨如何实现低碳经济环境下真实的贸易利益提供了参考。

贸易结构和贸易条件是衡量贸易利益的两个主要指标，近期又兴起了用出口技术含量衡量对外贸易利益。在低碳经济环境下，需要在上述三个指标中加入资源和环境因素。本章中，我们提出用基于绿色投入—产出模型的对外贸易合理度、出口收入指数以及环境成本内部化后的收入贸易条件指数，来衡量低碳经济环境下真实的贸易利益。尽管有许多学者认同并在实践雷明提出的绿色投入—产出模型，但是，由于自然资源定价的复杂性和环境成本确定困难，以及如何选择绿色投入—产出模型中的能源恢复部门、污染治理部门、生产部门等等因素存在分歧，使得据此确定的支柱产业、瓶颈产业以及绿色外贸结构合理度的科学性会受到影响。环境成本内部化意味着任何生产和贸易活动都不会超越自然环境承载能力的边界，有利于资源和环境的最优配置。但由于各国经济发展水平、环境价值观、技术水平、生产与贸易结构等方面存在差异，贸易

① 姚洋，张晔. 中国出口品国内技术含量升级的动态研究：来自全国及江苏省、广东省的证据[J]. 中国社会科学，2008(02)：72.

各国间的环境标准不统一，实施环境成本内部化也将会遭遇重重困难。同时，一方面，环境成本内部化通过改变产品成本和价格而改变了贸易产品在国际市场上的竞争力，进而对其比较优势乃至一国的产业结构产生较大的影响。另一方面，纯粹根据资源禀赋丰缺和单纯的贸易条件恶化不能说明贸易利益的减少和福利水平的降低，否则容易陷入“比较利益陷阱”[①]，而要结合经济增长、技术进步、产业结构和贸易结构，纠正国内要素市场和产品市场扭曲等方面分析贸易条件的影响因素，综合衡量我国在低碳经济环境下实际获得的贸易利益。

① 洪银兴.从比较优势到竞争优势:兼论国际贸易的比较利益理论的缺陷[J].经济研究，1997(06):20-26.

第4章 绿色贸易结构合理度的测度——基于绿色投入—产出表的实证分析①

4.1 绿色投入—产出模型的构建

随着经济不断发展,资源匮乏、能源不足、生态环境承载力下降等问题日益严峻。经济的发展显然离不开资源和环境,而传统的国民经济核算包括投入—产出表均是以资源环境是"取之不竭"的、"无价"的为前提,而只对经济系统进行考察。传统投入—产出理论及其基本核算表式设计均未考虑到由于经济活动所造成的自然资源消耗、生态环境破坏以及由此而引发的资源和环境保护等经济活动。

20世纪70年代以来,国外学者开始意识到这一问题,于是将资源、环境引入到传统的投入—产出表中,构建了一系列绿色投入—产出模型(包括资源环境因素的投入—产出模型),并应用到实际中。Islard(1969)首先提出了一个将经济和环境相结合的投入—产出分析的概念框架。Leontief(1973)建立了把污染物的产生与消除包含进去的环境投入—产出模型。Stahmer(1989,2000)基于可持续发展概念,提出投入—产出核算的"魔术三角"(Magic Triangle),即经济、社会和生态。CEF Young(2000)运用投入—产出法分析估计了巴西在1985～1996年间出口贸易引致的工业污染排放情况。M. Wier等(2005)将家庭消费方式、能源消耗和污染排放因素纳入到丹麦传统投入—产出模型中,构建了"能源—经济—环境"一体化投入—产出模型。AC Cuevas、RA Dorado

---

① 由于投入—产出表每5年才更新一次,在撰写本章内容时,2007年投入—产出表是最新版本,2012年投入—产出表还未正式编制出版。

(2009)和 WS Chung、S Tohno(2009)分别编制了菲律宾和韩国的绿色投入—产出表。

20 世纪 90 年代，在可持续发展战略指导下，国内学者也开始陆续使用投入—产出模型，分析研究环境资源可持续利用下经济与环境协调的发展，包括李立(1994)、薛伟(1996)、曾国雄等(1998)、雷明(1996，1998，2001，2011)等人。其中，北京大学教授雷明提出的一套绿色投入—产出分析法应用最为广泛。本书主要介绍和借鉴了雷明教授的做法。雷明针对可持续发展理论对传统经济核算理论的挑战，以可持续发展理论为基础，在充分考虑到现实中的经济外部性以及经济活动同自然资源和环境之间的负反馈机制的基础上，将环境和自然资源两个因素引入传统投入—产出模型，从“投入”概念重新界定和“部门”的范围扩大入手，对传统的投入—产出表进行了再设计[①]，构建了绿色投入—产出模型，并编制了 2007 年我国绿色投入—产出表，创造性地提出了一套绿色投入—产出核算理论和方法。

传统投入—产出模型中，依据传统边际生产成本理论界定了投入或消耗，根本没有考虑经济外部性，也没有考虑经济活动对资源的消耗和环境的破坏。雷明则以边际机会成本理论作为理论依据，将投入—产出分析中“投入”的概念从传统单一边际生产成本扩展到包括边际生产成本、边际使用成本以及边际外部成本三部分，相应的绿色投入—产出表也按这三部分设计。按照边际机会成本理论，边际生产成本是指生产过程中直接支付的生产费用，边际使用成本是指经济活动中对资源的使用，现在的使用会使得未来使用者无法使用这部分资源而造成的损失(即资源耗竭)，而边际外部成本指由于经济活动所造成的环境生态等的破坏(即环境污染)(雷明，1996)。

雷明(1996)在考虑资源耗竭和环境污染的同时，还兼顾到人们为消除上述负面影响所做的努力，旨在全面反映经济活动中的各种投入—产出之间的关系。因此，重新设计投入—产出表时，对原有部门进行了扩展，除了纯经济生产活动的产业部门之外，还增加了反映人们进行环境保护及资源恢复的活动部门。对于环境保护活动通过增加独立于各生产部门的污染治理部门来反映，对于资源恢复活动通过增加若干独立于生产部门的资源恢复部门来反映。对于像矿产这样的不可再生资源，资源恢复指资源勘察部门“异地”更新和积累资源的生产过程，如新矿、替代物的发现；而对于像森林这样的可再生资源，资源恢复是指通过人类的劳动投入，促进自然资源不断再生的过程，如人工育林[②]。

---

① 雷明. 资源—经济投入产出核算：表式设计 · 模型构建 · 应用分析[J]. 经济科学，1996(01)：43.

② 雷明. 资源—经济投入产出核算：表式设计 · 模型构建 · 应用分析[J]. 经济科学，1996(01)：44.

基于上述思想，设计了资源—经济投入—产出表，如表 4.1 所示。同时，为了更加全面地对经济活动的整个过程进行核算，除了进行流量核算之外，还对存量及存量与流量之间的相互关系进行全面核算。不难看出，表 4.1 不仅是实物扩展型（实物—价值型）投入—产出表，也是流量扩展型（流量—存量型）投入—产出表。该表的结构由两大部分组成：投入（流量）核算部分和占用（存量）核算部分。但是这两部分包含完全不同的内容。对固定资产（人工资产）而言，流量投入仅包括其折旧部分，而存量占用则包括其全部数额。对自然资源（自然资产）来说，流量投入部分是指某一定时期内资源的消耗量，如对煤炭资源的动用量，而存量占用部分则指某一时期资源的经常拥有量，如煤炭资源的探明储量。

表 4.1　资源—经济投入—产出表①②

投入＼产出		资源恢复部门	生产部门	污染治理部门	最终产出	总产出
资源使用		u_{ij}^{e}	u_{ij}^{p}	u_{ij}^{w}	Y_i^{e}	X_i^{e}
生产部门		q_{ij}^{e}	q_{ij}^{p}	q_{ij}^{w}	Y_i^{p}	X_i^{p}
污染物排放		e_{ij}^{e}	e_{ij}^{p}	e_{ij}^{w}	Y_i^{w}	X_i^{w}
增加值		N_j^{e}	N_j^{p}	N_j^{w}		
总投入		Z_j^{e}	Z_j^{p}	Z_j^{w}		
人工资产	固定资产	W_{ij}^{e}	W_{ij}^{p}	W_{ij}^{w}		
自然资产	实物资产		$t_{ij}^{e}(X_i^{e}-Z_j^{e})$			
	环境资产		$t_{ij}^{w}(X_i^{w}-Z_j^{w})$			

先看投入（流量）核算表的构成。表的纵向“投入”由三部分组成：① 新增实物资源投入（即资源消耗）。这部分按资源种类划分为若干类，如各种矿产、森林等，以经济活动过程中资源使用（消耗）量来表征。② 传统投入（即消耗生产）。这部分沿用传统投入—产出表中投入部分，由各产业部门最初生产要素投入（包括固定资产折旧、工资、税金等）和中间产品消耗组成。③ 新增环境资源投入。这部分按污染排放种类划分为若干类（如废水、废气和废渣），以经济活动过程中污染物的排放量来表征。从表的横向“部门”则由传统单一生产部

① 雷明. 资源—经济投入产出核算：表式设计·模型构建·应用分析[J]. 经济科学，1996，(01)：42-52.

② 雷明. 资源—经济一体化核算研究（Ⅲ）：投入—占用—产出分析 [J]. 系统工程理论与实践，1998(01)：22-31.

门扩展为同时包含资源恢复部门、生产部门以及污染治理三大部门。其中资源恢复部门按相应被恢复资源种类分类，每一部门仅对应一种资源；污染治理部门按相应被治理污染物来分类，每一部门也仅对应一种污染物；生产部门则依旧按传统投入—产出表的分类法分类（雷明，1996）。因此，最终产品及总产出也是由上述三个部门组成，其中第一部门（对应资源消耗）及第三部门（对应污染排放）分别以最终产品的资源消耗量及整个经济活动过程中资源消耗量、最终产品的污染物排放及整个经济活动过程中污染物排放来表征，而第二部门和传统的投入—产出表相同。

2002年，根据能源在经济发展中的重要作用以及不同产业对能源的差异性需要，雷明进一步在原来的资源—经济投入—产出表的框架基础上进行了修改和完善，用"能源使用"代替"资源使用"，并且将生产部门细分为三个不同的部门：一次能源部门、二次能源部门以及其他产业部门，形成了如表4.2所示的绿色投入—产出表的框架。

表4.1和表4.2中：

能源使用比例 $t_{ij}^{e}=u_{ij}^{p}/X_{i}^{e}$，污染排放比例 $t_{ij}^{w}=W_{ij}^{p}/X_{i}^{w}$；

u_{ij}^{e}——第 j 恢复部门恢复第 j 种能源时消耗第 i 种能源数量；

q_{ij}^{ek}——第 j 恢复部门恢复第 j 种能源时消耗第 k 类产业的第 i 产品部门之产品数量；

e_{ij}^{e}——第 j 恢复部门恢复第 j 种能源时排放出的第 i 种污染排放量；

N_{j}^{e}——第 j 恢复部门恢复第 j 种能源时包括固定资产折旧部分的新创造价值（劳动报酬等）；

Y_{i}^{e}——最终产品领域中对第 i 种能源的消耗量；

X_{i}^{e}——第 j 种能源消耗总量；

Z_{j}^{e}——第 j 种能源恢复总量；

u_{ij}^{pk}——第 k 类产业中第 j 生产部门生产过程中对第 i 种能源的消耗量；

q_{ij}^{pkm}——第 m 类产业中第 j 生产部门生产过程中对第 k 类产业中第 i 部门产品的消耗量；

e_{ij}^{pk}——第 k 类产业中第 j 生产部门生产过程中第 i 种污染排放量；

N_{j}^{pk}——第 k 类产业中第 j 生产部门生产第 i 种产品时包括固定资产折旧部分新创造价值（劳动报酬等）；

Y_{i}^{pk}——第 k 类产业中第 i 生产部门最终产品；

X_{i}^{pk}——第 k 类产业中第 i 生产部门总产品；

u_{ij}^{w}——第 i 治理部门治理第 j 种废物时消耗第 i 种能源量；

q_{ij}^{kw}——第 i 治理部门治理第 j 种污染时消耗第 k 类产业中第 i 部门产品量；

e_{ij}^{w}——第 i 治理部门治理第 j 种污染时排放的第 i 种废物量；

N_j^{w}——第 i 治理部门治理第 j 种污染时包括固定资产折旧部分新创造价值(劳动报酬等)；

Y_i^{w}——最终产品领域中第 i 种污染物排放量；

X_i^{w}——第 i 种污染物排放总量；

Z_j^{w}——第 j 种污染物治理总量。

表 4.2　绿色投入一产出表的框架

产出 投入		能源恢复部门	一次能源部门	二次能源部门	其他产业部门	污染治理部门	最终产出	总产出
能源使用		u_{ij}^{e}	u_{ij}^{p1}	u_{ij}^{p2}	u_{ij}^{p3}	u_{ij}^{w}	Y_i^{e}	X_i^{e}
一次能源部门		q_{ij}^{e1}	q_{ij}^{p11}	q_{ij}^{p12}	q_{ij}^{p13}	q_{ij}^{1w}	Y_i^{p1}	X_i^{p1}
二次能源部门		q_{ij}^{e2}	q_{ij}^{p21}	q_{ij}^{p22}	q_{ij}^{p23}	q_{ij}^{2w}	Y_i^{p2}	X_i^{p2}
其他产业部门		q_{ij}^{e3}	q_{ij}^{p31}	q_{ij}^{p32}	q_{ij}^{p33}	q_{ij}^{3w}	Y_i^{p3}	X_i^{p3}
污染物排放		e_{ij}^{e}	e_{ij}^{p1}	e_{ij}^{p2}	e_{ij}^{p3}	e_{ij}^{w}	Y_i^{w}	X_i^{w}
增加值		N_j^{e}	N_j^{p1}	N_j^{p2}	N_j^{p3}	N_j^{w}		
总投入		Z_j^{e}	Z_j^{p1}	Z_j^{p2}	Z_j^{p3}	Z_j^{w}		
人工资产	固定资产	W_{ij}^{e}	W_{ij}^{p1}	W_{ij}^{p2}	W_{ij}^{p3}	W_{ij}^{w}		
自然资产	实物资产		$t_{ij}^{e1}(X_i^{e}-Z_j^{e})$	$t_{ij}^{e2}(X_i^{e}-Z_j^{e})$	$t_{ij}^{e3}(X_i^{e}-Z_j^{e})$			
	环境资产		$t_{ij}^{w1}(X_i^{w}-Z_j^{w})$	$t_{ij}^{w2}(X_i^{w}-Z_j^{w})$	$t_{ij}^{w3}(X_i^{w}-Z_j^{w})$			

从表 4.2 各部门的横向来看，可以得到如下三大实物平衡方程①：

(1) 各类能源的横向

$$\sum_{j=1}^{l} u_{ij}^{e} + \sum_{j=1}^{n} u_{ij}^{p} + \sum_{j=1}^{m} u_{ij}^{w} + Y_i^{e} = X_i^{e} \tag{4.1}$$

(2) 各生产部门的横向

$$\sum_{j=1}^{l} q_{ij}^{e} + \sum_{j=1}^{n} q_{ij}^{p} + \sum_{j=1}^{m} q_{ij}^{w} + Y_i^{p} = X_i^{p} \tag{4.2}$$

(3) 各类污染物的横向

$$\sum_{j=1}^{l} e_{ij}^{e} + \sum_{j=1}^{n} e_{ij}^{p} + \sum_{j=1}^{m} e_{ij}^{w} + Y_i^{w} = X_i^{w} \tag{4.3}$$

① 为方程的简化起见，采用三大生产部门合并后的变量来表达实物平衡方程。下面的价值模型同此。

同时，根据投入—产出模型的特点，可以确定能源使用系数、产品消耗系数和污染物排放系数，如表 4.3 所示。

表 4.3　直接系数表

	能源使用系数	产品消耗系数	污染排放系数
能源恢复部门	$q_{ij}^e=u_{ij}^e/Z_j^e$	$q_{ij}^p=u_{ij}^p/X_j^p$	$q_{ij}^w=u_{ij}^w/Z_j^w$
生产部门	$a_{ij}^e=q_{ij}^e/Z_j^e$	$a_{ij}^p=q_{ij}^p/X_j^p$	$a_{ij}^w=q_{ij}^w/Z_j^w$
污染治理部门	$f_{ij}^e=e_{ij}^e/Z_j^e$	$f_{ij}^p=e_{ij}^p/X_j^p$	$f_{ij}^w=e_{ij}^w/Z_j^w$
能源恢复比例	$\alpha_i=Z_j^e/X_i^e$	污染消除比例	$\beta_i=Z_j^w/X_i^w$
能源使用系数	$S_{ij}^e=t_{ij}^e(X_i^e-Z_i^e)/X_i^p$	环境损耗系数	$s_{ij}^w=t_{ij}^w(X_i^w-Z_i^w)/X_i^p$

将表 4.3 中各系数引入上述模型，方程(4.1)、(4.2)、(4.3)则变成

$$\sum_{j=1}^{l} q_{ij}^e Z_j^e + \sum_{j=1}^{n} q_{ij}^p X_j^p + \sum_{j=1}^{m} q_{ij}^w Z_j^w + Y_i^e = X_i^e \tag{4.4}$$

$$\sum_{j=1}^{l} a_{ij}^e Z_j^e + \sum_{j=1}^{n} a_{ij}^p X_j^p + \sum_{j=1}^{m} a_{ij}^w Z_j^w + Y_i^p = X_i^p \tag{4.5}$$

$$\sum_{j=1}^{l} f_{ij}^e Z_j^e + \sum_{j=1}^{n} f_{ij}^p X_j^p + \sum_{j=1}^{m} f_{ij}^w Z_j^w + Y_i^w = X_i^w \tag{4.6}$$

写成矩阵形式(上标“′”表示转置矩阵)

$$Q^{e\prime}Z^e + Q^{p\prime}X^p + Q^{w\prime}Z^w + Y^e = X^e \tag{4.7}$$

$$A^{e\prime}Z^e + A^{p\prime}X^p + A^{w\prime}Z^w + Y^p = X^p \tag{4.8}$$

$$F^{e\prime}Z^e + F^{p\prime}X^p + F^{w\prime}Z^w + Y^w = X^w \tag{4.9}$$

因为 $Z_i^e=\alpha_i X_i^e$，$Z_i^w=\beta_i X_i^w$，令 $\hat{\alpha}=diag\{\alpha_1,\ldots,\alpha_n\}$，$\hat{\beta}=diag\{\beta_1,\ldots,\beta_m\}$，则有 $Z^e=\hat{\alpha}X^e$，$Z^w=\hat{\beta}X^w$，代入以上各式得

$$Q^{e\prime}\hat{\alpha}X^e + Q^{p\prime}X^p + Q^{w\prime}\hat{\beta}X^w + Y^e = X^e \tag{4.10}$$

$$A^{e\prime}\hat{\alpha}X^e + A^{p\prime}X^p + A^{w\prime}Z^w + Y^p = X^p \tag{4.11}$$

$$F^{e\prime}\hat{\alpha}X^e + F^{p\prime}X^p + F^{w\prime}\hat{\beta}X^w + Y^w = X^w \tag{4.12}$$

方程(4.10)、(4.11)、(4.12)即为根据表 4.2 横向的经济关系建立的三个实物模型。

再从表 4.2 的中纵向的投入—产出关系来看，由于表中各种中间投入等是以实物单位计量，而各种新增价值等则以货币单位计量，因此，建立有关模型之前需要通过将实物单位计量的部分进行货币化处理来统一各项内容的计量单位。

从表 4.2 可以看出，用实物计量的集中在各项消耗部分。这些消耗依据边

际机会成本理论可分成三个部分。一是能源消耗。就能源本身而言，能源消耗的价值应通过能源边际消耗亦即使用者成本来确定；而从政策实施角度来看，能源消耗的价值则通过征收能源税亦即能源使用补偿费来表征（雷明，1996）。理论上能源税的征收应以生产者成本为依据，但由于现实中能源边际消耗难以精确把握，因此常以单位能源的恢复费用替代边际使用成本作为确定能源税税率的依据。二是生产消耗，以现行产品价格来确定。三是环境消耗，即污染排放。从环境自身来看，其价值表现应以边际环境成本来确定，而就政策实施角度而言，其价值反映则可通过征收排污费来表征，其中排污费的征收以单位污染物治理达标费为依据（雷明，1996）。

设 P_i^e 为对使用单位第 i 种能源征收的能源税，即单位第 i 种能源的恢复费用，P_i^p 为第 i 种产品价格，P_i^w 为对第 i 种单位污染排放物征收的排污费，即治理单位第 i 种污染物的费用，依据表 4.2 纵向的经济关系，建立以下三个平衡方程：

$$\sum_{j=1}^{l} p_i^e U_{ij}^e + \sum_{j=1}^{n} p_j^p q_{ij}^e + \sum_{j=1}^{m} p_i^w e_{ij}^e + N_j^e = p_j^e Z_j^e \tag{4.13}$$

$$\sum_{j=1}^{l} p_i^e U_{ij}^p + \sum_{j=1}^{n} p_j^p q_{ij}^p + \sum_{j=1}^{m} p_i^w e_{ij}^p + N_j^p = p_j^p X_j^p \tag{4.14}$$

$$\sum_{j=1}^{l} p_i^e U_{ij}^w + \sum_{j=1}^{n} p_j^p q_{ij}^w + \sum_{j=1}^{m} p_i^w e_{ij}^w + N_j^w = p_j^w Z_j^w \tag{4.15}$$

令 $a_{Nj}^e = N_j^e / Z_j^e$ 为第 j 能源恢复部门包括固定资产折旧部分新增价值系数；

$a_{Nj}^p = N_j^p / Z_j^p$ 为第 j 产品部门包括固定资产折旧部分新增价值系数；

$a_{Nj}^w = N_j^w / Z_j^w$ 第 j 产品污染治理部门包括固定资产折旧部门新增价值系数。

将 Z_j^e、Z_j^w 代入方程(4.13)、(4.14)、(4.15)，有

$$\sum_{j=1}^{l} p_i^e q_{ij}^e Z_j^e + \sum_{j=1}^{n} p_j^p a_{ij}^e Z_j^e + \sum_{j=1}^{m} p_i^w f_{ij}^e Z_j^e + N_j^e = p_j^e Z_j^e \tag{4.16}$$

$$\sum_{j=1}^{l} p_i^e q_{ij}^p X_j^p + \sum_{j=1}^{n} p_i^p q_{ij}^p X_j^p + \sum_{j=1}^{m} p_i^w f_{ij}^p X_j^p + N_j^p = p_j^p X_j^p \tag{4.17}$$

$$\sum_{j=1}^{l} p_i^e q_{ij}^w Z_j^w + \sum_{j=1}^{n} p_j^p a_{ij}^w Z_j^w + \sum_{j=1}^{m} p_i^w f_{ij}^w Z_j^w + N_j^w = p_j^w Z_j^w \tag{4.18}$$

将 a_{Nj}^e、a_{Nj}^p、a_{Nj}^w 分别代入方程(4.16)、(4.17)、(4.18)，有

$$\sum_{j=1}^{l} p_i^e q_{ij}^e + \sum_{j=1}^{n} p_j^p a_{ij}^e + \sum_{j=1}^{m} p_i^w f_{ij}^e + a_{Nj}^e = p_j^e \tag{4.19}$$

$$\sum_{j=1}^{l} p_i^e q_{ij}^p + \sum_{j=1}^{n} p_i^p a_{ij}^p + \sum_{j=1}^{m} p_i^w f_{ij}^p + a_{Nj}^p = p_j^p \tag{4.20}$$

$$\sum_{j=1}^{l} p_i^e q_{ij}^w + \sum_{j=1}^{n} p_j^p a_{ij}^w + \sum_{j=1}^{m} p_i^w f_{ij}^w + a_{Nj}^w = p_j^w \tag{4.21}$$

进一步将(4.19)、(4.20)、(4.21)写成矩阵形式：

$$P^e = G^{e\prime} P^e + A^{e\prime} P^p + F^{e\prime} P^w + A_N^e \tag{4.22}$$

$$P^p = G^{p\prime} P^e + A^{p\prime} P^p + F^{p\prime} P^w + A_N^p \tag{4.23}$$

$$P^w = G^{w\prime} P^e + A^{w\prime} P^p + F^{w\prime} P^w + A_N^w \tag{4.24}$$

方程(4.22)、(4.23)、(4.24)即投入—产出表 4.2 纵向的经济关系建立的价值型模型。

4.2　绿色投入—产出表的编制

1. 绿色投入—产出表的部门构成

根据绿色投入—产出模型，本节参照雷明(2011)的研究选择了 18 个产业部门的绿色投入—产出表。18 个产业部门包括 5 大能源产业部门和 13 大非能源产业部门。5 大能源产业部门包括石油和天然气开采业，煤炭采选业，石油加工业、炼焦及核燃料加工业，电力、热力及水生产和供应业，燃气生产和供应业。13 大非能源产业部门分别为：机械、电子、电气设备制造业，纺织、皮革、羽绒及其制品业，食品制造及烟草加工业，化学工业，金属产品制造业，非金属矿物制品业，建筑业，其他工业，运输、仓储、邮政业，商业饮食业，金融业，其他服务业，农林牧渔业。其中，能源恢复部门选取了煤炭、石油和天然气能源恢复部门。污染治理部门为废水、废气、固体废弃物治理部门。其中，运输、仓储、邮政业是由交通运输及仓储业和邮政业两大产业合并；机械、电子、电气设备制造业包括了通用、专用设备制造业，交通运输设备制造业，电气机械及器材制造业，通信设备、计算机及其他电子设备制造业，仪器仪表及文化办公用机械制造业；其他工业包括金属矿采选业，非金属矿及其他矿采选业，木材加工及家具制造业，造纸印刷及文教体育用品制造业，金属冶炼及压延加工业，工艺品及其他制造业，废品废料；商业饮食业包括了住宿和餐饮业，租赁和商务服务业；其他服务业包括了信息传输、计算机服务和软件业，研究与试验发展业，居民服务和其他服务业，教育，卫生、社会保障和社会福利业，文化、体育和娱乐业，公共管理和社会组织①。

2. 能源使用部门和能源恢复部门中间投入数据的确定

囿于数据的可获得性，本文不考虑对其他部门的能源直接使用，假设对能源的使用全部来自煤、石油和天然气的直接部门。根据 2007 年中国能源生产量可以确定这三种能源的使用量，如表 4.4 所示。

表 4.4　三种能源使用情况②

	能源比率（%）	能源生产量（百万吨标准煤）	折算成原始单位	回采率（%）	能源使用量
原煤	76.6	1803.28	2524.53 百万吨	30	8415.13 百万吨
石油	11.3	266.02	186.21 百万吨	32	581.90 百万吨
天然气	3.9	91.81	690.31 亿标立方米	79	873.82 亿标立方米
合计		2354.15			

数据来源：雷明，赵欣娜. 可持续发展下的绿色投入产出核算应用分析：基于中国 2007 年绿色投入产出表[J]. 经济科学，2011(04)：16－27.

囿于数据的可获得性，采用如下方法计算对能源节约量的分配：首先分别计算出 2006 年和 2007 年三种能源的消耗量，然后用上述两数值的差乘以 2007 年国民生产总值，得到 2007 年节能量，最后得到节能系数如表 4.5 所示。

表 4.5　单位 GNP 节能系数表

节煤系数	节油系数	节天然气系数
0.095	0.019	－0.0002

3. 污染产生和治理部门中间投入数据的确定

在假设除了工业部门以外其他产业部门的污染治理量为零的前提下，首先计算 2007 年工业三废治理量，然后计算工业各行业中间投入的直接消耗系数。

4. 原有产业部门中间投入数据的折算

通过将实物型和价值型数据的相互转换，并估算出 3 种能源和 3 种污染物

① 毛果平. 基于投入产出和产品生命周期分析的湖南省资源—环境—经济关系研究[D]. 中南大学博士论文，2009：39.

② 除上述三种能源外，还有水电占 8.2%的比重《2008 中国统计年鉴》，回采率参考《2007 能源蓝皮书》《能源发展“十一五”规划》。

治理的价格，从而对绿色投入—产出表中的相应数据进行折算。

5. 自然资产数值的确定

自然资产包括环境资产和实物资产。环境资产等于污染物排放量减去污染物治理量；实物资产等于能源使用量减去能源恢复量。

6. 完整的绿色投入—产出表的编制

在上述计算结果基础上，运用 Matlab 软件，编制出完整的 2007 年绿色投入—产出表，包括纯价值型和实物—价值混合型两种类型。

4.3 绿色出口贸易结构合理度的测度

4.3.1 对外贸易商品结构合理度的评价标准

对外贸易商品结构是指一定时期内各类商品或某种商品在一国或地区进出口贸易中所占的比重或地位。一国或地区对外贸易商品结构可以反映出该国或地区的经济技术发展水平、产业结构状况及资源情况等。要正确评价一国或地区对外贸易商品结构是否合理，应以研究目标的不同设立评价标准，目前已有的代表性的评价标准有：① 以贸易条件的变化反映贸易效益的大小；② 以是否满足市场需求；③ 以商品的加工程度或高级要素含量的高低；④ 以是否发挥本国比较优势（杨丽华，2011）；⑤ 以是否有利于经济发展和产业结构的调整与升级等。其中，最后一种评价标准在一定程度上包含了前 4 种评价标准的合理成分，不但注重优化出口商品结构，以匹配于国际市场需求结构，而且考虑到通过扩大产业规模和调整产业结构来提升商品的附加值，以保持长期竞争力，进而实现贸易利益最大化（杨丽华，2011）。

在上述第五种评价标准下，以沈利生和吴振宇（2003）为代表的国内学者们，以产业内贸易理论（H. G. Grubel、P. J. Lloyd，1975）等为代表的产业经济变量内生化的国际贸易理论为基础，用对外贸易结构是否与产业结构匹配，来衡量贸易结构合理度。产业结构与对外贸易结构之间是“原像”与“镜像”的关系，产业结构是本体，对外贸易结构是产业结构所反映的影像（袁欣，2010）。因此，分析一国对外贸易结构是否合理，就要看其是否与该国产业结构匹配，是否促进该国的经济发展和技术进步。但是，产业结构与对外贸易结构匹配的前提和关键是作为“原像”的产业结构是合理的，“镜像”对外贸易结构才不会扭曲成“哈哈镜”（章秀琴，2012）。

目前，学者们提出产业结构合理性判断标准主要包括产业间比例合理性判断标准和产业关联性判断标准。产业间比例合理性判断标准通常需要借助参照结构，如需求结构、三次产业结构模式，而参照结构与被分析产业结构度量方法的差异缺乏合理性评判准则，因此，该标准的广泛应用受到限制。产业关联性判断标准包括产业技术关联标准和产业交换关联标准。产业技术关联标准主要基于投入—产出模型，根据技术矩阵的元素直接消耗系数与经济发展的关系，评价某产业技术关联合理性（周振华，1991）。国内学者在此基础上，采用现有的投入—产出表，通过影响力系数和感应度系数来分别确定我国国民经济中的支柱产业和瓶颈产业，并根据出口产品和进口产品对国民经济系统的不同作用，分析我国出口商品结构和进口商品结构的合理性（沈利生、吴振宇，2003；王建军、马序昌，2005；向锦、康赞亮，2006；唐宜红、杨琦，2007；杨丽华，2011）[①]。

本节试图延续第五种对外贸易商品结构合理度的评价标准，并运用 2007 年中国绿色投入—产出分析表实证分析我国绿色对外贸易商品结构的合理度。

4.3.2 绿色出口贸易结构合理度的测度

上述第五种评价标准表明，一国/地区的出口商品结构合理度，即是指该国/地区的出口商品结构对本国/地区的国民经济和产业结构的影响。同时，投入—产出表本身具有两个特点：一是体现了不同行业部门在国民经济中的地位和作用，二是包含了上述产业部门的进出口额，这两个特点使得利用投入—产出表从经济增长和产业发展角度实证研究对外贸易商品结构合理度就成为最佳选择。

根据上述评价标准，首先要分析确定我国产业结构中的支柱产业。

1. 我国支柱产业的确定

通过绿色投入—产出表的里昂惕夫逆矩阵计算各产业的影响力系数，影响力系数可以衡量一个产业对其他拉动程度。把所有产业的影响力系数都计算出来并由大到小排序，影响力系数较大的（排在前面的）产业即为支柱产业。

---

① 章秀琴，邓小华. 不同范式下贸易利益的内涵和可持续发展下贸易利益的衡量[J]. 现代经济探讨，2012(03)：42.

影响力系数是指国民经济某一部门增加 1 单位的最终使用对国民经济各部门所产生的生产需求的波及程度[①]。其数值可以通过投入—产出表中各列的和的总计除以部门个数所得到的平均值与各部门列的和的比率来获取。定义 j 产业的影响力系数 T_j：

$$T_j = \sum_{i=1}^{n} b_{ij} / [\frac{1}{n} \sum_{j=1}^{n} \sum_{i=1}^{n} b_{ij}] \quad j = 1, 2, \cdots, n \qquad (4.25)$$

其中，$\sum_{i=1}^{n} b_{ij}$ 是里昂惕夫逆矩阵中第 j 列系数的总和(列和)，$\frac{1}{n} \sum_{j=1}^{n} \sum_{i=1}^{n} b_{ij}$ 是 n 个列和的平均值，影响力系数 T_j 反映了当 j 产业增加 1 个单位最终产品时对国民经济各个产业产生的生产需求的拉动程度与平均水平的比较。

简言之，影响力系数即指一个产业影响其他产业的程度，若其值大于 1，则表示该部门的生产对其他部门生产的影响程度超过社会平均的影响力水平；反之，则表示低于社会平均的影响力水平。

显然，在传统投入—产出表中引入了能源和环境因素后，通过绿色投入—产出表计算出来的影响力系数即为绿色影响力系数，如表 4.6 所示。

表 4.6 显示，绿色影响力系数大于 1 的行业多分布于能源行业：煤炭开采和洗选业，石油和天然气开采业，石油、炼焦、核燃料加工业，燃气生产和供应业，电力、热力、水生产供应业，这充分说明能源产业仍是我国国民经济的命脉，同时也说明考虑了能源消耗和污染的“明星”产业的拉动力更大，尤其在经济过热时，这些能源产业对整个经济的拉动优势会更明显。

而传统影响力系数大于 1 的第二产业如化学工业，机械、电子、电气设备制造业，金属产品制造业，其他工业的绿色影响力明显变小。这是因为目前我国的第二行业仍以高能耗、高污染为主，这些行业的环境成本制约了其对国民经济的拉动作用。这也从另一方面证明了节能减排对促进经济增长的重要性。

综合能耗和污染以及实际情况，我们选择绿色影响力系数在 0.75 以上的共 12 个产业为我国的支柱产业，即煤炭开采和洗选业，石油和天然气开采业，石油、炼焦、核燃料加工业，燃气生产和供应业，电力、热力、水生产供应业，化学工业，金属产品制造业，非金属矿物制品业，建筑业，机械、电子、电气设备制造业，纺织、皮革、羽绒及其制品业，其他工业。

① MBA 智库百科. http://wiki.mbalib.com/wiki/影响力系数.

表 4.6　2007 年 18 部门的绿色影响力系数

部门	绿色影响力系数	传统影响力系数
煤炭开采和洗选业	2.6912	0.7110
石油和天然气开采业	2.0624	1.1235
石油、炼焦、核燃料加工业	1.6761	0.9173
燃气生产和供应业	1.5857	0.3687
电力、热力、水生产供应业	1.0365	1.3199
化学工业	0.9589	1.6805
金属产品制造业	0.9042	1.7499
非金属矿物制品业	0.8928	0.6236
建筑业	0.8176	0.3607
机械、电子、电气设备制造业	0.7956	1.7359
纺织、皮革、羽绒及其制品业	0.7532	0.7955
其他工业	0.7525	1.5783
运输、仓储、邮政业	0.7139	0.8416
食品制造及烟草加工业	0.5922	0.7548
其他服务业	0.5146	0.9793
商业饮食业	0.4675	0.7844
农林牧渔业	0.4368	0.9927
金融业	0.3482	0.6823

数据来源：雷明，赵欣娜. 可持续发展下的绿色投入产出核算应用分析：基于中国 2007 年绿色投入—产出表[J]. 经济科学，2011(04)：16-27.

2. 绿色出口商品结构合理度指数

如果各个产业出口产品的比重排序与影响力系数的排序一致，那么可以认为该产业出口商品结构是合理的。然而，一般很难见到这种理想的情形，出现更多的情形是两种排序根本不一致。因此，如何判断出口商品结构的合理性就需要引用一种权系数法，或称合理度指数法，来专门用于评判对外贸易商品结构的合理性问题。

将每种出口商品的影响力系数乘以该类商品占全部出口商品的比重，其乘积即称为该种商品的出口影响力[①]。用公式表示就是：

$$EXT_j = \frac{EX_j}{EX} \times T_j \qquad j = 1,2,\cdots,n \tag{4.26}$$

式中，EXT_j 表示第 j 种商品的出口影响力，EX_j 表示第 j 种商品的出口额，EX 表示全部出口商品的总额，T_j 表示第 j 产业的影响力系数。

上式中，用绿色影响力系数代替影响力系数，则乘积为绿色出口影响力系数。根据 2007 年我国投入—产出表中的数据，计算出我国排在前 10 位的绿色出口影响力系数的产业部门，如表 4.7 所示。

表 4.7　我国排在前 10 位的绿色出口影响力系数的产业部门

部　门	绿色出口影响力系数
机械、电子、电气设备制造业	0.3369197
纺织服装鞋帽皮革羽绒及其制品业	0.1094906
其他工业	0.0899348
化学工业	0.0726436
金属制品业	0.0336778
运输、仓储、邮政业	0.0301245
商业饮食业	0.0193085
农林牧渔业	0.0187593
非金属矿物制品业	0.0138646
食品制造及烟草加工业	0.011852

上述这些产业的出口对我国的经济发展和产业结构产生着巨大的影响，也给我国带来了绿色出口贸易利益。一般将全部商品的出口影响力之和定义为出口商品的合理度指数，那么将全部商品的绿色出口影响力之和即可定义为绿色出口商品的合理度指数。利用该指数，可以衡量我国绿色出口商品结构的整体合理度水平，从而也可以判断各个不同年份的绿色出口商品结构的变动方向，即可以判断朝着更为合理的方向变化还是朝着不合理的方向变动，进一步也可以表明绿色出口利益的动态变化。

全部出口商品的合理度指数的计算公式为：

$$IEX = \sum_{j=1}^{n} EXT_j \tag{4.27}$$

很明显，我们可以发现，当出口商品结构比例的排列顺序与绿色影响力系

① 张汉东，汪金剑. 基于产业视角的浙江省外贸结构优化分析[J]. 国际贸易问题，2010(06)：26.

数的排列顺序一致的程度越高时，出口商品的绿色合理度指数就越大，绿色出口商品结构也就越合理，相应的绿色出口贸易利益就越大。在相同的排序下，绿色影响力系数大的出口商品在总出口中比重越大，出口的合理度指数也越大。

计算得出的 2007 年我国 18 个部门全部商品出口的绿色合理度指数为 0.769 096 125。从上述分析可知，一国/地区的全部出口商品的绿色合理度指数越大，表明该国/地区的绿色出口商品结构越合理，相应的获取绿色贸易利益就越大。若 2007 年之后的年份中，我国的绿色出口合理度指数小于 0.769 096 125，则表明我国绿色出口商品结构朝着不合理的方向发展，绿色出口利益在减少；反之，则表明我国绿色出口商品结构在朝着更合理的方向发展，自然会带来更高的绿色出口利益。

4.3.3 我国绿色出口贸易结构的优化

通过上述实证分析得到了绿色影响力系数在 0.75 以上的共 12 个产业为我国的支柱产业。综合能耗和污染以及实际情况，这些产业对我国整个经济及其他行业部门有着较大的带动作用，因此应该重点优化这 12 个产业的出口。如表 4.6 所示。

再结合表 4.7 中的我国绿色出口影响力系数发现，除了绿色影响力系数排在第 8 位的非金属矿物制品业的绿色出口影响力系数的排名排在第 9 位，较为接近以外，其他绿色影响力系数排在前 10 位的产业与绿色出口影响力系数排在前 10 位的并不一致。煤炭开采和洗选业，石油和天然气开采业的绿色影响力系数均超过了 2，分别为 2.691 2 和 2.062 4，对我国绿色经济各部门的影响和带动排在前 2 位，但是，它们的绿色出口影响力均无缘前 10 位。其他部门也存在绿色影响力系数和绿色出口影响力系数排名不相符的情况，绿色影响力系数排在第 3 位的石油、炼焦、核燃料加工业，第 4 位的燃气生产和供应业，第 5 位的电力、热力、水生产供应业以及第 9 位的建筑业的绿色出口影响力系数均与前 10 位无缘。原因就是因为上述产业部门在我国的出口比重偏低，从而导致它们的绿色出口影响力系数较小。因此，有必要利用市场机制和政府扶持两种手段，促进这些具有较大影响力但出口不足的产业的出口，以其强大的绿色影响力带动我国绿色经济的快速增长。

从表 4.6 和表 4.7 中还可以发现，有些产业部门的绿色影响力系数排名比较靠后，但由于其具有较大的出口比重，从而使得其绿色出口影响力系数排名靠前。如机械、电子、电气设备制造业和纺织、皮革、羽绒及其制品业的绿色影响力系数分别为 0.795 6 和 0.753 2，对我国绿色经济及其部门的影响分别排在第 10 位和第 11 位，但是，它们的绿色出口影响力系数分别为 0.336 919 7 和 0.109 490 6，排在 18 个产业的第 1 位和第 2 位。绿色影响力系数排在第 6 位的化学工业和第 7 位的金属产品制造业的绿色出口影响力系数的排名则分别排在第 4 位和第 5 位。对于这些产业部门，应重点提升其在国民经济中的绿色影响力，进一步观察发现，在这些产业中，多数为工业。这说明尽管我国第二产业的比重已达到 49.2%，但其绿色影响力和主导作用还需进一步加强。在可持续发展背景下，着重发展上述产业部门，不仅能够通过对外贸易这个“引擎”最大限度地促进我国经济的快速发展，而且符合我国环境友好型社会的战略选择，达到我国环境、经济和社会协调发展的长期目标。

本章借鉴北京大学雷明教授的方法，基于可持续发展理论在传统投入—产出表的框架基础上，在主栏增加资源使用和废物排放，宾栏增加资源恢复和废物治理，构建了绿色投入—产出模型。然后根据绿色投入—产出模型，参照雷明(2011)的研究选择了 18 个产业部门并编制出了中国 2007 年绿色投入—产出表。接下来根据 2007 年绿色投入—产出表，基于其里昂惕夫矩阵，计算出绿色影响力系数和绿色推动力系数，确定引入资源和环境因素后的支柱产业和瓶颈产业[①]，并以对应行业产品进出口占比作为因子，最终可以确定出低碳经济环境下外贸结构的合理度。绿色外贸结构合理度越高的行业，则其绿色贸易利益会越大；反之，则越小[②]。

对于具有较大影响力但出口不足的产业，如煤炭开采和洗选业，石油和天然气开采业，石油、炼焦、核燃料加工业，电力、热力、水生产供应业以及建筑业，要同时利用市场机制和政府扶持两种手段，促进这些产业部门的出口，以其强大的绿色影响力带动我国绿色经济的快速增长；而对于绿色影响力系数排名比较靠后，但出口比重较大进而绿色出口影响力系数排名靠前的产业部门，如机械、电子、电气设备制造业，纺织、皮革、羽绒及其制品业，化学工业以及金属产品制造业，等工业部门，国家相关政府部门应出台相关政策，重点提升其在国民经济中的绿色影响力，从而总体上优化各类产业部门的绿色贸易结构，以达到提升我国绿色出口贸易利益的目的。

---

① 杨琦.北京市对外贸易商品结构合理化的实证研究[D].对外经济贸易大学，2007:1.

② 章秀琴.不同范式下贸易利益的内涵和可持续发展下贸易利益的衡量[J].现代经济探讨，2012(03):42.

第 5 章　环境规制对贸易影响的理论分析

5.1　环境规制的含义、演进与类型

5.1.1　环境规制的含义

环境规制是指针对环境污染具有外部性的特点，政府通过制定相应的政策、法规与措施，或者签订环境保护协议，来调节企业或厂商的生产活动，从而达到协调经济发展和环境保护的发展目标。外部不经济理论是环境规制产生的理论基础，现实中各国采用形式各样的环境规制工具。本文讨论的环境规制工具主要是指为保护环境而采取的包括贸易政策措施和环境政策法规在内的政策、法规和措施，具体又包括与环境有关的贸易措施（Environmental－related Trade Measures，ERTMs）和与贸易有关的环境措施（Trade－related Environmental Measures，TREMs）。与环境有关的贸易措施是指一国/地区为了保护环境而对货物和服务贸易采取禁止或限制的法律、法规以及管理措施，如多边环境协定（MEAs）中的某些贸易措施、某些国家采取的旨在保护环境的贸易措施等。这类环境规制一般能得到国际的认可和理解，但谨防有些国家“借环境保护之名，行贸易保护主义之实”。而与贸易有关的环境措施是指一国/地区为了保护环境而采取的影响国际贸易活动的环境法律、环境规则、环境管理措施以及执行或签署的区域和多边环境协定[①]。目前国际社会尚未对与贸易有关的环境规制形成明确和统一的定义，因为实施上述两种措施均可通过保护环境来限制贸易，所以还很难对两者做出明显的界定。一般来说，与环境

---

① 王玉婧. 环境成本内在化、环境规制与贸易和环境的协调[D]. 湖南大学，2008：62.

相关的贸易措施仅限于国际货物贸易和国际服务贸易，主要限于国际贸易领域的法律、法规和制度；而与贸易有关的环境措施不仅限于国际货物贸易和国际服务贸易，也适用于国内生产和国内贸易，措施较为宽泛，适用的范围较广。本书讨论的环境规制和措施为广义的含义。

5.1.2　环境规制的演进

环境规制的内涵经过了多次的扩展和补充。最初，环境规制是指政府通过禁令、不可交易的许可证制、行政法规等非市场途径对自然资源利用和环境保护的直接干预，亦即命令—控制型环境规制。主要表现为政府立法或行政部门制定的环保政策、环保标准和法律法规以及企业必须采用的环保技术等制度。其主要特征是排污者根本没有选择权，必须被动接受所有环保标准和技术，否则将受到严重的处罚。命令—控制型环境规制能使改善环境质量的效果明显、效率较高，但是这种过于刚性的做法，会损害企业的效率，也不利于调动企业技术创新的积极性，同时政府监管和执行成本较高。目前，命令—控制型环境规制在世界各国环境规制中的应用最为广泛。《中华人民共和国环境保护法》《新五项制度》和《老三项制度》中的环境影响评估制度及“三同时”制度等，均属于命令—控制型环境规制①。

为调动企业技术创新的积极性，提高企业的效率，充分发挥市场调节的作用，政府利用市场机制设计出恰当的环保政策和制度，来规范排污企业的排污行为，激励企业降低排污水平，从而使社会整体污染排放最小化，即基于市场的激励性环境规制。激励性环境规制在1972年经合组织(OECD)提出了“污染者付费”原则后引起了世界各个国家的关注，并逐渐被广泛应用。具体包括环境税(排污税、使用者税、产品税)、可交易的排污许可证、补贴、押金返还等。这种激励性的环境规制有利于企业选择合适的清洁技术，但依旧存在不足之处，一是排污税、补贴和可交易的排污许可证等工具，在市场体系不健全的情况下无法有效地发挥作用；二是企业对上述工具的反应存在“时滞”效应。我国从1982年开始实行污染治理补贴政策和超标排污费政策以来，不断尝试使用各种基于市场的激励性环境规制。1985年在上海、沈阳等11个城市试点实行排污许可证交易制度；1989年在抚顺、绥化和江苏等率先对新建污染型企业实行“三同时保证金”制度；1991年在全国范围内推行实施污水排污费政策；1992年

---

① 赵玉民，朱方明，贺立龙. 环境规制的界定、分类与演进研究[J]. 中国人口·资源与环境，2009，29(06)：86.

开始试点征收SO_2排放费用,2002 年进一步开始控制SO_2排放总量及SO_2排放交易制度;1993 年开始推行排水设施有偿使用制度;1996 年通过银行发放信贷帮助企业减污、治污,2002 年进一步通过财政支持清洁型生产技术的开发和研究项目;2008 年对研究和生产节能节水型设备的企业给予所得税优惠。

20 世纪 90 年代以来,世界各国开始实施由行业协会、企业或其他主体提出的关于环境保护方面的承诺、计划或协议。这其实也是一种环境规制,对企业没有强制性约束力,企业可以自愿选择参与或者不参与实施,因此称为自愿性环境规制。这种类型的环境规制主要包括环境认证、环境审计、环境协议和生态标签等形式(赵玉民 等,2009)。自愿性环境规制更多源于企业的主动地降低成本和提升效率,也可能源于市场上激烈的竞争压力,因此,在环境保护和污染治理方面起着积极的主导作用,而政府在自愿性环境规制中只是充当一个配角或合作伙伴。实践中,自愿性环境规制主要有三种形式:一是企业或行业与政府之间通过谈判达成环保协议,如美国的"XL 计划";二是由企业或行业发起倡议或承诺,政府并不参与其中,如 3M 公司的"3P 计划";三是由政府设计并提出各种计划,企业自愿决定是否参加,如美国的"33/50 计划"。目前,自愿性环境规制的应用正逐年增加[①]。我国实行的自愿性环境规制主要有:环境标志(1993 年 3 月 31 日开始实施)、ISO14000(1995 年开始推行)以及清洁生产和全过程控制(2003 年 1 月 1 日开始施行)等。

5.1.3 环境规制的实施工具

对贸易产生影响的环境规制主要包括三类工具:一类是为保护自然资源和环境所运用的命令—控制型的直接管理工具;另一类是基于市场的激励性环境经济工具;第三类是自愿执行和产品有关的环境措施以及环境管理体系。这些环境规制的措施均会影响到生产、销售乃至消费,对贸易会产生直接的影响。

1. 命令—控制型环境规制工具

命令—控制型环境规制是指通过法律法规、规章或标准来限制生产者产生外部不经济的行为。这种直接管理环境的方式要求法律法规体系较为完善,

---

① 赵玉民,朱方明,贺立龙. 环境规制的界定、分类与演进研究[J]. 中国人口 · 资源与环境, 2009,29(06): 87.

要求生产工艺过程中的污染排放符合相关法规要求。由于各国经济发展和科技水平存在差异，其环境规制的严度也有差别。总体而言，发达国家的环境规制相对严格而发展中国家的环境规制相对宽松。下面从自然资源管理和污染控制两个方面列举了各种常用的命令－控制型环境规制。如表 5.1 所示。

表 5.1　常用的命令一控制型环境规制[①]

规制的对象		类型		
		标准	禁令	配额
资源管理	水	水质量标准	季节性限制使用水资源	水使用量配额
	渔业	捕鱼标准	捕鱼禁令	捕鱼配额
	土地	土地使用标准	建立环境敏感区	土地划分
	森林	伐木管理	禁止伐木/原木出口	伐木配额
	农业	分区制度	禁止使用农药	
	生物多样性	保护区建立	建立国家公园	
	矿产资源	废物与矿渣控制	禁止采矿	
污染控制	空气污染	空气质量与排放标准	禁止进口	排放配额
	水污染	废水排放标准	禁止某些污染物排入水体	工业废水排放配额
	固体废物	填埋标准和分区		
	危险废物/有毒化学品	遏制/处理标准	巴塞尔公约，禁用某些农药	

2. 激励型环境规制工具

命令—控制型和激励型环境规制的主要区别在于环境目标的执行途径，而不是环境目标的设定水平。市场激励型的环境规制是指以激励为基础的政策，这是一种旨在鼓励保护性行动或削减污染的策略。各国实施的激励型环境规制手段种类繁多，主要包括污染收费、补贴、保证金/还款制度和排污许可交易制度，表 5.2 给出了几种常用的类型[②]。

① 王玉庆. 环境经济学[M]. 北京：中国环境科学出版社，2002：175.

② (美)Scott J. Callan Janet M. Thomas. 环境经济学与环境管理[M]. 李建民，姚从容，译. 清华大学出版社，2006：98.

表 5.2　激励型环境规制手段的分类

手　段	描　述
污染收费	根据污染物的排放量,向污染者收取费用。通常通过以下途径: ① 排污收费:根据实际污染排放量收费 ② 产品收费:根据污染物数量或污染特征,调高产生污染的产品价格。产品收费可以通过差别税收执行,即根据产品对环境的潜在影响征收不同的税额 ③ 使用者收费:根据污染处理成本或污染物对资源的负面影响,对环境资源使用者收费 ④ 管理费:因为管理当局执行、监控规定或登记污染物而收取的服务费
补贴	通过直接支付或税收减免的形式向减少污染或未来的污染削减计划提供财政资助
排污许可交易制度	① 排污信用:在排污信用制度下,污染者若将污染排放量控制在排放标准以下就可以赢得市场信誉 ② 排污许可:在排污许可制度下,排污者有权利排放一定量的污染物。污染排放量通过交易可以增加成本

3. 自愿性环境规制工具

自愿性环境规制工具是指主要针对生产过程、产品等的符号、术语、包装以及标签等的环境管理标准。

环境管理标准主要有两种形式:一是产品标准。产品标准是对最终产品看得见的或者通过检测出来的环境污染物设立规则。产品标准具体包括:可回收包装的要求、农药残留最大值、禁用的染料、破坏环境的重金属等其他物质的投入限制。二是加工和生产方式(PPMs)。PPMs 是指为产品生产的投入和产出制定指导性意见。是否符合 PPMs 并不能从产品表面或通过检测看到结果,如废水排放标准、限制不同大小颗粒的空气排放以及有毒有害污染排放物的处置要求等。作为技术性规制的产品标准和 PPMs 均应该一视同仁地对待国内产品和进口产品。GATT/WTO 明确提出,除了与卫生、检验检疫措施有关,否则,一国对于相同产品,不管是进口还是国内生产,禁止采用不同的技术性法规。

其中,ISO14000 环境管理标准由于其全球性、统一性以及透明性的特点,而受到广泛的欢迎和认可,目前已被世界上 100 多个国家采纳和使用。ISO14000 环境管理标准具体包括:环境管理体系、环境标志、环境审核和检测、环境影响评价、产品生命周期的环境指标以及产品评估标准环境指标等,上述这些标准将环境管理贯穿于企业的能源和原材料、工艺和设备、生产等各个环节之中。ISO14000 环境管理标准旨在建立一个科学的环境管理体系，并通过环境评价和管理审核等活动，达到以预防为主、减少和消除污染的目标，为经济与环境的协调发展和各国在统一水平线上平等竞争提供有效的途径[①]。

在实施环境标志制度过程中，环境标志是否构成非关税壁垒一直是学界和国际贸易实践中具有争议的焦点之一。我们以为，在国际贸易中，实施环境标志对关税具有一定的替代效应。下面用局部均衡分析法来分析这一效应，如图 5.1所示。假设有 X 和 Y 分别为进口国和出口国两个国家。X 国对环境敏感性产品的进口从征收关税变为实行环境标志制度。

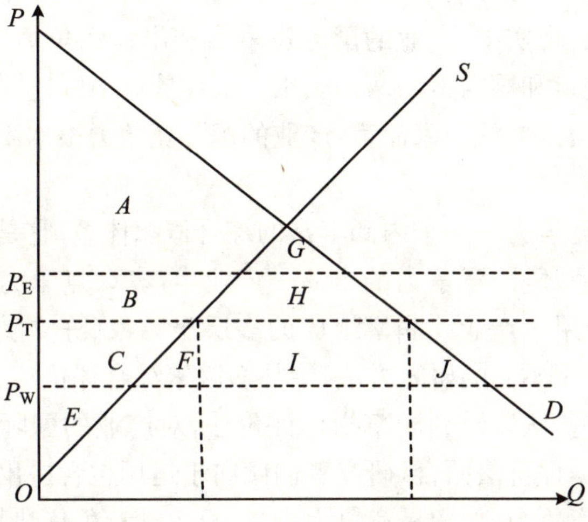

图 5.1　环境标志对关税的替代效应

其中，P_W表示国际市场价格，P_T 表示征收关税后的价格，P_E 表示采用环境标志后的价格。从图 5.1 可以看出，实施环境标志制度后产品的价格比征收关税时的价格高，此时，进口国 Y 各利益主体的福利效应发生了变化：征收关税时消费者剩余为 $A+B+G+H$，而实施环境标志后变成 $A+G$，消费者剩余减少了 $B+H$；征收关税时为 $C+E$，实施环境标志后，增加了 B ，变为 $B+C+E$；而进口国政府收入在实施环境标志后为 0，比征收关税时减少了 I；因此，总福利在征收关税时为 $A+B+C+E+G+H+I$，实施环境标志后为 $A+B+C+E+G$，总剩余减少了 $H+I$。因此，在进口国实施环境标志制度后，本国生产者状况变好，而消费者状况则变坏，且当 $P_E<P_T$ 时，环境标志对关税的替代效应将会降低[②]。

① 王玉婧. 环境成本内在化、环境规制与贸易和环境的协调[D]. 湖南大学，2008：64.

② 王谨. 国际纺织品贸易中环境标志制度的经济学分析[J]. 国际贸易问题，2006(12)：101.

5.2　出口贸易利益与国际竞争力

5.2.1　国际竞争力与出口竞争力

迈克尔·波特(1990)最早提出产业国际竞争力,并从理论和实证两个方面对其进行了研究。现实中,产业的国际竞争力和出口竞争力经常被混为一谈。其实,如果考虑进口和国内市场两种因素,尤其是对中国这样一个国内市场总量和加工贸易规模巨大的国家而言,产业的国际竞争力根本不可与出口竞争力同日而语①。

产业的国际竞争力是一个内涵丰富的综合概念体系,它是一个由竞争力的来源—多因素产业环境、竞争力的本质—产业生产率、竞争力的表现—市场占有率、竞争力的结果—产业利润率组成的多层次对象(陈立敏等,2004)。迄今为止,研究者们利用不同的研究方法,诸如多因素综合评价法、生产率指标评价法、进出口数据评价法以及利润率指标评价法,对产业的国际竞争力进行了评价。就进出口数据评价法而言,研究者们倾向于运用包含进出口数据的指标来评价产业的国际竞争力,如贸易竞争力指数、显示性竞争优势指数、净出口显性比较优势指数和显示性竞争力指数。

相对于产业国际竞争力的多层次性,产业的出口竞争力则是一个单层次概念。研究者们仅仅利用外国市场占有率来评价和衡量该产业的国际竞争地位,相关指标主要包括国际市场份额和显示性比较优势指数。

从上面对两者的比较分析可知,如若单纯从国外和国际市场出口情况而撇开进口因素和国内市场因素等,即用出口竞争力来衡量和评价我国相关产业的国际竞争地位,显然不够科学合理;反之,用产业的国际竞争力来衡量和评价我国相关产业的国际竞争地位,则更能体现出我国的实际情况,也更科学和合理。

5.2.2　出口贸易利益与国际竞争力

一般来说,一国某产业的国际竞争力越强,则其出口利益应该越多。实际

① 陈立敏.国际竞争力就等于出口竞争力吗?[J].世界经济研究,2010(12):11-12.

中两者之间是否满足这种关系？为了考察和比较两者之间的关系，我们分别用贸易竞争力指数 TC 和出口收入指数代替国际竞争力和出口贸易利益(XRI)。相关数据如表 5.3、表 5.4 所示，所有数据来源于 WTO 统计数据库、世界银行统计数据库和历年中国统计年鉴。下面我们先从趋势和和面板数据分析来考察两者之间的联系。

表 5.3　我国环境敏感性行业的出口贸易相对利益①

	2001	2002	2003	2004	2005
钢铁业	0.0813	0.0693	0.0669	0.1195	0.1344
化学制品业	0.0759	0.0690	0.0618	0.0628	0.0719
制药业	0.0507	0.0418	0.0352	0.0303	0.0304
纺织业	0.3879	0.4008	0.3946	0.4009	0.4489
	2006	2007	2008	2009	2010
钢铁业	0.1914	0.2429	0.3204	0.2306	0.3376
化学制品业	0.0790	0.0925	0.1256	0.1358	0.1844
制药业	0.0316	0.0365	0.0512	0.0629	0.0832
纺织业	0.4935	0.5340	0.6980	0.9042	1.1016

表 5.4　我国环境敏感性行业的贸易竞争指数

	2001	2002	2003	2004	2005
钢铁业	−0.5465	−0.6074	−0.6414	−0.2552	−0.1548
化学制品业	−0.4125	−0.4362	−0.4288	−0.4259	−0.3697
制药业	0.2378	0.2368	0.2529	0.2601	0.2413
纺织业	0.1446	0.2231	0.3085	0.3719	0.4517
	2006	2007	2008	2009	2010
钢铁业	0.2014	0.3619	0.4465	−0.0562	0.2246
化学制品业	−0.3231	−0.2806	−0.2001	−0.2872	−0.2612
制药业	0.2459	0.2135	0.1880	0.1251	0.1416
纺织业	0.4970	0.5419	0.6010	0.6002	0.6260

① 具体计算过程见本书第 7 章 7.1 中的内容。

1. 出口贸易利益与国际竞争力的趋势

将我国环境敏感性行业整体及4个子行业的TC和XRI值对比，如图5.2～图5.6所示，除了两个变量的实际值外还拟合了各自的趋势线，这样就能更明确显示各自的变化情况。从下述5个图形可以发现，除了化学制品业以外，其余3个环境敏感性行业以及环境敏感性行业整体的国际竞争力与出口利益之间均体现不同的变化趋势。

国际竞争力形势优于出口贸易利益形势的有钢铁制品业(图5.2)和环境敏感性行业整体(图5.6)。钢铁制品业属于资源密集型行业，这表明当前我国资源密集型行业依旧在国际市场上有很强的竞争力；同时由第7章中的图7.3可知，我国环境敏感性行业中，钢铁制品行业的出口贸易利益排在第二位，这就表明目前我国仍旧依靠资源密集型行业的出口获取贸易利益。钢铁制品业和我国环境敏感性行业整体的国际竞争力TC和出口贸易利益XRI均在增加，但TC比XRI增加得更快，这主要是由于计算出口贸易利益采用了出口收入指数法，一国出口贸易利益除了与该国某行业的显性比较优势指数及其权重有关，还与该国相关行业的人均国民收入水平亦即劳动生产率有关，表明当前我国钢铁制品业以及整体环境敏感性行业较低的劳动生产率导致了即使钢铁行业和整体环境敏感性行业具有较强的国际竞争力，也会有着较低的出口贸易利益。因此，对于钢铁制品行业乃至整个环境敏感性行业，如果用国际竞争力来衡量出口贸易利益，则出口贸易利益的状况将会被乐观估计。

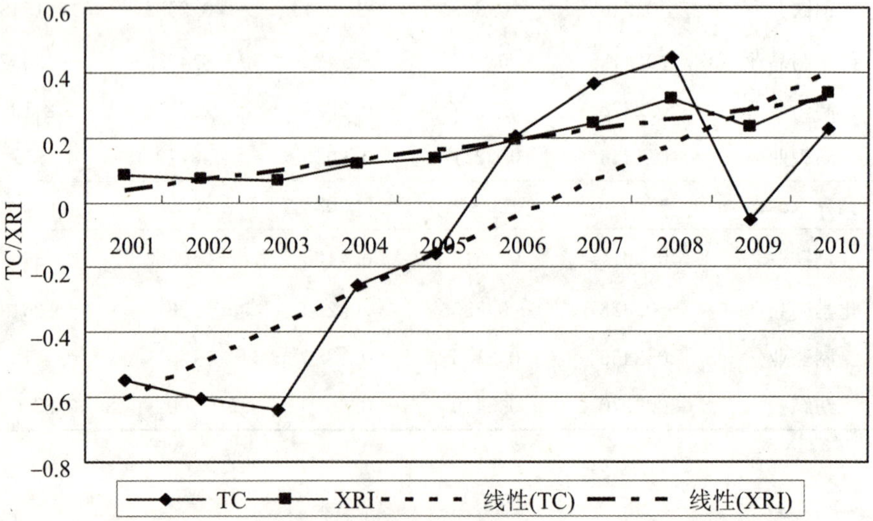

图5.2　2001～2010年我国钢铁业国际竞争力和出口利益变化情况

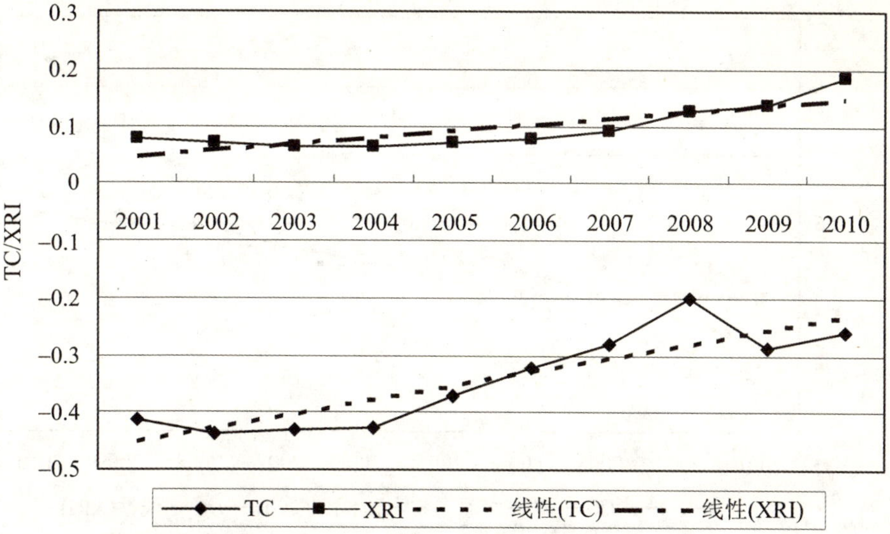

图 5.3　2001～2010 年我国化学制品业国际竞争力和出口利益情况

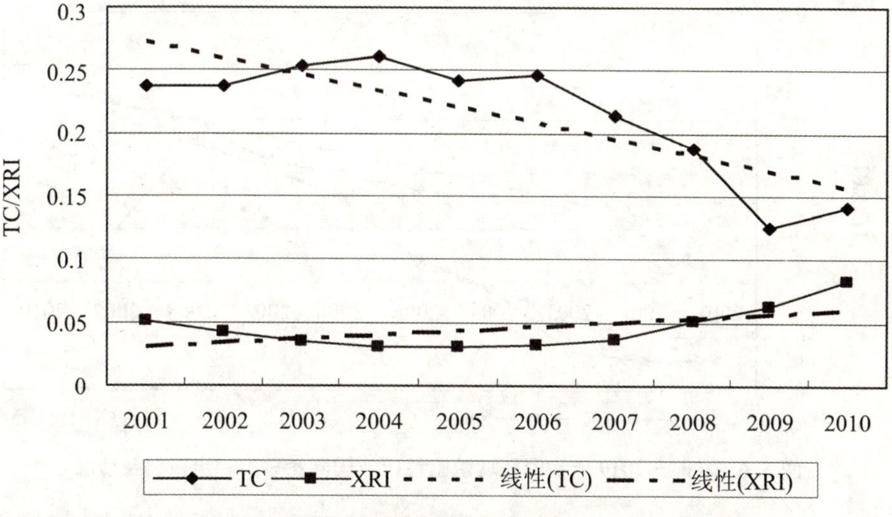

图 5.4　2001～2010 年我国制药业国际竞争力和出口利益情况

国际竞争力势头弱于出口贸易利益势头的有两个产业:制药业(图 5.4)和纺织品行业(图 5.5)。由第 7 章中的图 7.3 可知,我国环境敏感性行业中,纺织品行业的出口贸易利益排在第一位,而制药业的出口贸易利益则排在第四位,这表明目前我国仍旧依靠劳动密集型行业的纺织品行业的出口获取贸易利益。劳动密集型的纺织品行业的国际竞争力 TC 和出口贸易利益 XRI 均在增加,但 XRI 比 TC 增加得更快。这依旧是因为计算出口贸易利益采用了出口收入指

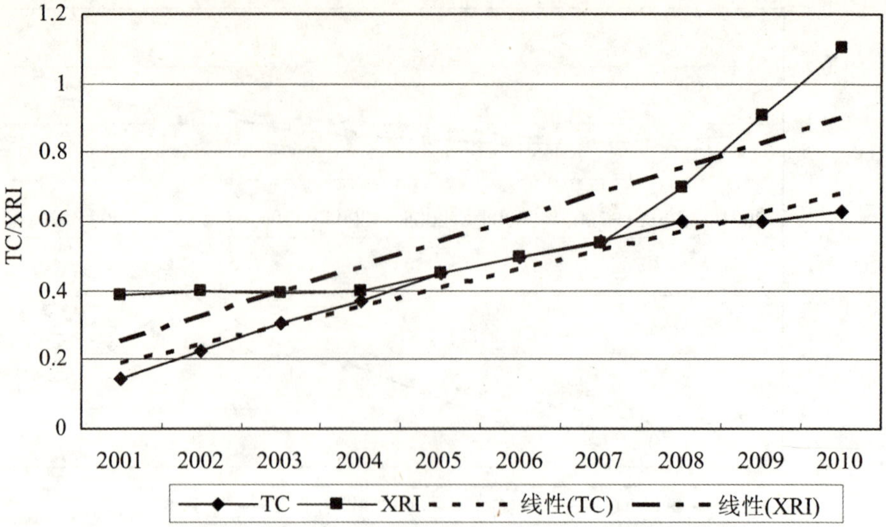

图 5.5　2001～2010 年我国纺织业国际竞争力和出口利益情况

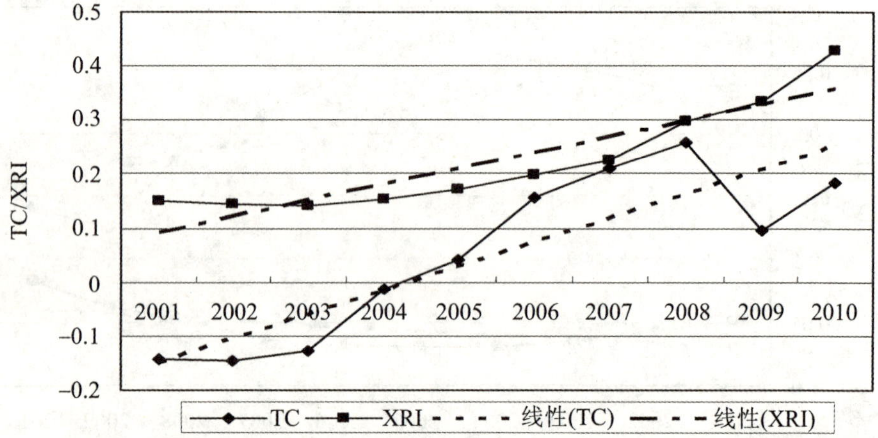

图 5.6　2001～2010 年我国环境敏感性行业国际竞争力和出口利益情况

数法，一国出口贸易利益除了与该国某行业的显性比较优势指数及其权重有关，还与该国相关行业的人均国民收入水平亦即劳动生产率有关。纺织品行业一直是我国具有竞争优势的行业，但作为劳动密集型行业，近年来随着我国工资收入的上升和其他发展中国家低工资的竞争，导致我国纺织品行业的国际竞争力在降低，但由于我国纺织品行业不断的技术改造和产品创新，使得我国纺织品行业具有较高的人均收入水平和劳动生产率，从而具有较高的出口利益。资本和技术密集型的制药业的国际竞争力 TC 在下降，而出口贸易利益 XRI 则在增加，这是由于制药业属于资本和技术密集型行业。当前我国制药业由于技术水平不高使得其国际竞争力增长势头较弱，但由于国家对于技术密集型行业的大力扶持，我国制药业的劳动生产率增长趋势明显，所以使得我国制药业的出口贸易利益增长的势头强于国际竞争力增长的势头。可见，对于上述这两个行业，如果用国际竞争力来衡量出口贸易利益，则出口贸易利益的状况将会被低估。

国际竞争力和出口贸易利益几乎没有差异的唯一环境敏感性行业是化学制品业（图 5.3），基本上呈同步上升趋势。同时，在各类子行业的国际竞争力有升有降的情况下，我国环境敏感性行业的整体的出口贸易利益的上升趋势表现了较为强劲的状态（图 5.6）。

因此，我们得到两个结论：我国各类环境敏感性行业的国际竞争力与出口贸易利益呈现出不一致的变化趋势；如果用国际竞争力来指代衡量出口贸易利益，那么有的行业出口贸易利益状况被高估，有的则被低估。

2. 面板模型分析①

采用 2001～2010 年四类环境敏感性行业的 TC 和 XRI 数据进行面板模型分析，可以综合反映各行业变化关系的 TC 和 XRI 之间的关联，还能减少多元回归中遇到的多重共性的困扰。

(1) 回归方程

设定回归方程为：

$$XRI_{it} = \alpha + \beta TC_{it} + \mu_{it}$$

其中，XRI_{it} 为 i 产业第 t 年的出口相对利益，TC_{it} 为 i 产业第 t 年的贸易竞争力指数，α 为截距项，β 为斜率，用来度量国际竞争力 TC 值对出口相对利益 XRI 值的影响，μ 为随机扰动项，$i=1\sim4$，$t=1\sim10$。

(2) 模型形式

因为我们的目的在于检验行业出口相对利益与国际竞争力的关系，而不需要了解各个具体行业中上述两变量之间的不同数量关系，所以面板模型的形式不宜采用随个体变化的变截距模型或变系数的无约束模型，而适宜采用混合回归模型。究竟是选择固定效应模型还是随机效应模型，运用软件 Eviews 6.0 进行 Hausman 检验发现建议采用固定效应模型。同时，从表 5.5 中结果也可以发现，固定效应模型的拟合优度 R^2、方程显著性 F 值都远大于随机效应模型，残差平方和 SSR 远小于随机效应模型。固定效应模型的这种优势同样存

① 陈立敏. 国际竞争力就等于出口竞争力吗？[J]. 世界经济研究，2010(12)：16-17.

在于和混合模型的比较中，因此采用固定效应模型。

（3）估计方法

将最小二乘估计 OLS 与加权估计 GLS 进行比较发现，当选择考虑了截面异方差的 GLS cross－section weights 方法时，拟合优度 R^2、方程显著性 F 值提高，残差平方和 SSR 降低，估计结果有所优化；当选择考虑了截面异方差及同期相关的 GLS cross－section SUR 方法时，估计结果进一步优化。

（4）估计结果

如表 5.5，选择个体固定效应模型、运用 GLS(GLS cross－section SUR)估计方法，则出口相对利益和国际竞争力的数量关系结果是：$XRI_{it}=0.207446+0.327422TC_{it}$，具有较强的正向关联。

表 5.5　2001～2010 年我国环境敏感性行业 TC 对 XRI 影响的面板回归分析结果

	混合模型	随机效应模型	固定效应模型	GLS cross-section weights	GLS cross-section SUR
α		0.205943	0.206213	0.211651	0.207446
截距 t 值 （P 值）		1.854611 (0.0714)	11.35336 (0.0000)	34.55237 (0.0000)	130.0676 (0.0000)
$TC(\beta)$	0.225174	0.356656	0.351414	0.245639	0.327422
系数 t 值 （P 值）	3.158868 (0.0031)	4.420304 (0.0001)	4.252271 (0.0001)	5.624209 (0.0000)	16.96710 (0.0000)
拟合优度 R^2	−0.176621	0.345060	0.818645	0.797150	0.942988
调整 R^2	−0.176621	0.327825	0.797919	0.773967	0.936472
F 统计量 （P 值）		20.02062 (0.000068)	39.49791 (0.000000)	34.38525 (0.000000)	144.7256 (0.000000)
D-W 值	0.043173	0.306926	0.322776	0.383633	1.090435
残差平方和 SSR	2.197638	0.462608	0.436588	0.373924	38.45424

5.3　环境规制对出口贸易的影响——基于成本角度

不管哪种类型的环境规制，其实都直接影响到出口企业的环境成本的高低，进而间接影响到出口企业乃至一个产业的国际竞争力和出口贸易利益的大小。

实施环境规制会从两个方面影响出口企业的环境成本：一方面是在环境规制的基础上被要求支付的，因为要达到环境规制的要求被要求支付的改进生产工艺流程或增加环保设备的投入，和用于资源恢复或者治理环境的支出，否则达不到环境规制的要求，还会被要求为超过部分支付环境损害赔偿费。另一方面是因为实施环境规制带来的各方面的环境机会成本，即指在服从环境规制以外出口企业面临的各种不利因素，通常因不良的环境业绩而丧失竞争和发展的机会①。这两个方面的环境成本均会对出口企业的生产和决策成本产生影响，也会对出口企业乃至产业的产出和国际竞争力产生直接或间接的影响。

5.3.1　环境规制对出口企业环境成本产生的直接影响

为了达到环境规制的要求而改进生产工艺流程或增加环保设备的支出，以及为了未达到环境规制的要求而支付的环境损害的赔偿费用，它们实质上均是服从于环境规制的环境成本，亦即环境规制对出口企业环境成本产生的直接影响。其中，前者属于固定成本，因为为改进生产工艺流程或购买环保设备的支出，在一定时期内不会随产出的变化而变化；而后者因为在短期内这种环境损害赔偿费用会随产出的变化而变化，所以属于可变成本。下面用成本函数来分析环境规制对这两种环境成本的影响及其影响机制。

在没有实施任何一种环境规制之前，企业的生产成本函数为：

$$C(y) = VC(y) + FC \tag{5.1}$$

$$AC(y) = \frac{C(y)}{y} = \frac{VC(y)}{y} + \frac{FC}{y} = AVC(y) + AFC(y) \tag{5.2}$$

① 杨代友．企业的环境成本及其对企业竞争力的影响[J]．南方经济，2005(09):42-43.

$$MC(y)=\frac{\Delta C(y)}{\Delta y}=\frac{\mathrm{d}C(y)}{\mathrm{d}y} \tag{5.3}$$

上式中，$C(y)$表示总成本，$VC(y)$表示可变成本，FC表示固定成本，$AC(y)$表示平均成本，$AVC(y)$表示平均可变成本，$AFC(y)$表示平均固定成本，$MC(y)$表示边际成本。

接下来先讨论第一种情况：为使生产的外部性达到环境规制的要求，企业对工艺流程的改进或购买专门的污染治理设备产生的环境成本支出。这种支付和投入是一次性的，与产出未产生直接的联系，并不随产出而变化，因此，此时企业的成本函数发生变化的是固定成本。假定为达到规定的环境规制，需增加一次性投入为 F'，则企业的成本函数变成：

$$C(y)^f=C(y)+F' \tag{5.4}$$

$$\begin{aligned}AC(y)^f&=AC(y)+\frac{F'}{y}=AVC(y)+AFC(y)+\frac{F'}{y}\\&=AVC(y)+AFC(y)^f\end{aligned} \tag{5.5}$$

$$MC(y)^f=MC(y) \tag{5.6}$$

上式中，$C(y)^f$、$AC(y)^f$、$AFC(y)^f$ 和 $MC(y)^f$ 分别表示改进工艺流程或购买污染治理设备后的总成本、平均成本、平均固定成本和边际成本。可以看出，改进工艺流程或购买污染治理设备后，导致了企业生产成本的上升。尽管总成本增加了，可变成本也增加了，但平均可变成本和边际成本未发生变化，其平均成本随着产出的变动成反比例变动，产出越大，平均环境成本反而越低。如图 5.7 所示。

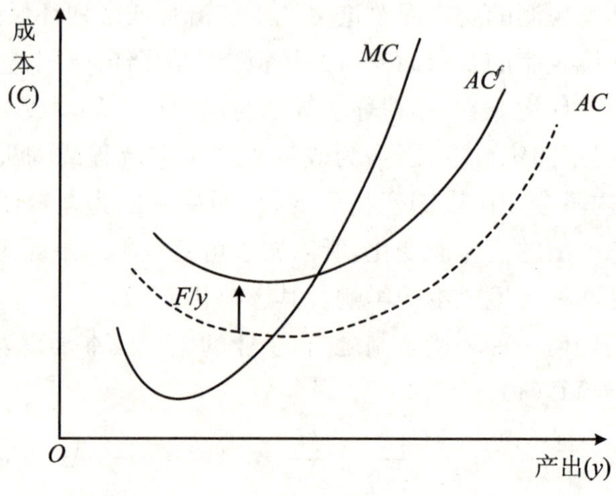

图 5.7　工艺流程改进或购买污染处理设备导致的成本变化

再讨论第二种情况：为未达到环境规制的要求而支付的赔偿费用用以补偿环境损害。排污费即是一种典型的用以补偿外部性环境损害的支付费用。在技术水平不变的情况下，企业的污染排放量与其产出成正比例关系，同时企业缴纳的排污费又和污染排放量成正比例关系，因此企业的排污费可看成产出的函数：

$$Cp(y) = k * y \tag{5.7}$$

上式中，$Cp(y)$表示收取的排污费，k 表示按单位产出收取的排污费，即排污费收取的系数，y 为产出。排污费属于可变成本，企业的成本在支付排污费后发生了变化，其成本函数变为：

$$C(y)^{\alpha} = VC(y) + Cp(y) + FC \tag{5.8}$$

$$\begin{aligned} AC(y)^{\alpha} &= AVC(y)^{\alpha} + AFC(y) \\ &= AVCA(y) + k + AFC(y) \end{aligned} \tag{5.9}$$

$$MC(y)^{\alpha} = MC(y) + k \tag{5.10}$$

其中，$C(y)^{\alpha}$、$AC(y)^{\alpha}$、$AVC(y)^{\alpha}$、$MC(y)^{\alpha}$ 分别表示支付排污费后企业的总成本、平均成本、平均可变成本、边际成本。可见，支付排污费直接导致了企业总的生产成本的增加，而且平均成本、平均可变成本以及边际成本均上升了，而且均以固定常数 k 的方式对它们产生影响。如图 5.8 所示。

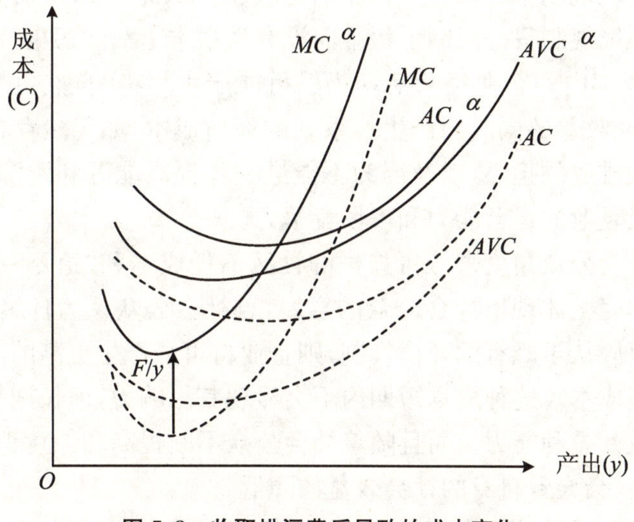

图 5.8　收取排污费后导致的成本变化

在环境规制下，企业选择工艺流程改进（或购买污染处理设备）抑或收取超标排污费，主要取决于其资产状况和产出大小。一般来说，若仍然在使用的原有固定资产（如机器设备）具有较高的折旧率，即使该企业产出规模大，应该选择暂时支付排污费；反之，则应该选择改进工艺流程或者建立污染处理设施。若企业具有足够大的产出规模，则其必定具有较大的排污量，因此需要缴纳较高的超标的排污费，而此时通过改进工艺流程或新建污染处理设施来进行一次性投入其实会更划算；当然对于小企业来说，由于存在资金和技术门槛以及污染处理设施的规模效应，选择缴纳超标排污费反而更划算[①]。

5.3.2　环境规制对出口企业环境成本产生的间接影响

除了服从环境规制产生环境成本之外，企业还面临着服从环境规制之后产生的环境机会成本。经济学理论表明，服从环境规制产生的环境成本属于历史成本，也就是说企业在生产经营过程中已经产生并在财务报表上反映出来的成本；而服从环境规制之后产生的环境成本则可看作是企业服从环境规制而放弃的收益，在性质上属于机会成本。由于机会成本不易量化，现有理论和研究和实践中环境机会成本较少得到关注。在全球环境不断恶化和环境保护日趋严厉的情况下，环境机会成本确实影响着企业的竞争能力和价值的实现。因此，应建立完全环境成本概念，正视机会成本的存在，以此来改进企业的决策机制。具体可以从以下三个方面来分析：

一是从环境规制本身来分析污染者分担的污染危害以及损失的原材料和能源成本。环境规制只是限制了污染而没有从根本上消除污染，而且未能囊括在环境规制范围内的企业经营活动仍然可能产生污染，自然也会增加一些收益，而产生这些收益的同时会产生一系列的环境成本，如仍然存在的污染会造成社区对污染排放的担心，以及因为不能进一步提高能源和资源的利用率等，均可能会降低企业的运营能力和市场竞争力。

二是从社会公众角度来分析损失的社区信任成本和“道德”成本。既有的环境规制并非完全体现出社会公众的意愿，若社会公众认为环境规制太宽松，同时企业也只服从于既有的环境规制，则企业将可能产生更高的隐性的环境规制之外的环境成本。这种成本短期内不会显现其影响力，但长期来看则会影响其经营业绩及其盈利能力。而且随着社会公众不断提高环保意识，企业若不收敛污染行为，只会导致自身的社会效益的降低。

三是从竞争对手的角度来分析损失的企业形象成本和竞争机会。主要包括生产相同产品的企业和生产替代产品的企业。环境规制除了会对企业的环境成本产生直接影响之外，还会对企业的环境成本产生间接的影响，诸如服从

---

① 杨代友. 企业绿色竞争力研究[D]. 复旦大学，2004：44.

环境规制后，有利于资源利用率的提高、有利于处置污染费用的节省以及对绿色产品的市场需求的满足等。若某个企业在环境保护方面表现良好，则其环境友好的新产品将率先进入市场而更快得到市场的认可，而其竞争对手因为未能丧失这些机会而可能给企业带来一定的利益损失。

不论是服从环境规制产生的环境成本，还是服从环境规制之外产生的环境成本，这两种环境成本均将导致企业经营成本的增加。具体来说，服从环境规制产生的环境成本会通过直接增加企业的生产成本而提高产品价格从而导致利润的损失；服从环境规制之外产生的环境成本则由于提高了企业决策的机会成本而降低企业整体经营能力，进而丧失长期竞争优势（杨代友，2004）。企业承担的环境成本可用图 5.9 来表示。

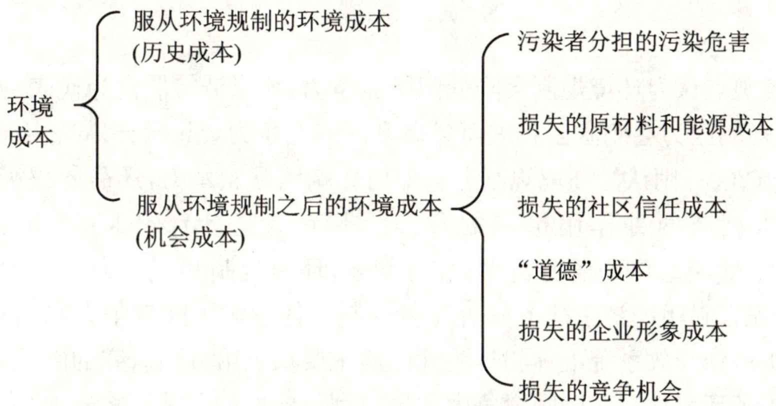

图 5.9　企业承担的环境成本

其实，在环境规制严度不同的经济社会中，企业承担着不同的环境成本，自然会对企业竞争力也有着不同的作用和效应。一国环境规制严度低，就意味着该国企业只需要负担较低的环境规制成本，但同时却面临着较高的机会成本。从短期来看，这种以牺牲环境和过度消耗资源为代价的经济增长途径，对于一国经济发展水平较低的阶段，确实可以快速地进行资本的原始积累，缩小与发达经济体之间的差距，而且也确实可能会给企业带来较大的经济利益。但从长期而言，尤其在全球化浪潮伴随着不断高涨的环保意识的年代里，环境规制之外的机会成本对于企业的影响日益凸显。不够严厉的环境规制会使本国企业面临与国外环境声誉良好的企业时，因为达不到环境保护的要求而损失企业形象并进而降低竞争优势，甚至可能因为遭遇单边或者多边“环境壁垒”而完全丧失竞争机会。

如果一国环境规制严度较高、环保标准严格，意味着该国大大降低了企业的环境规制之外的环境成本，因此企业只需要承担较低的机会成本。而对于服从于环境规制的环境成本的负担，则取决于该国对企业清洁技术创新的激励程度。若绿色技术创新政策的激励力度不够，那么企业可能会选择支付较高的环境规制成本；若绿色技术创新的政策设计十分恰当，既不影响市场竞争，又能激励企业进行清洁技术的创新，那么企业的环境规制成本将会非常小。当然，在初始阶段需要较大投入，但从长远来看，获取的利益会超过投入。

5.4　环境规制影响国际竞争力的机理分析

传统观点认为环境规制会降低国际竞争力，而以波特假说为代表的学派认为，环境规制因为会刺激创新进而会提升国际竞争力，Sinclair-Desgaené(1999)和 Alpay(2001)则认为环境规制究竟如何影响国际竞争力，还需要权衡环境成本和技术创新两种作用机制的合力。本节借鉴 Sartzetakis、Constantatos(1995)和 Alpay(2001)的分析框架，将创新、环境规制和竞争力一起纳入分析框架中，先在封闭经济系统下分析环境规制如何影响国际竞争力和出口利益，然后再扩展到开放系统下；同时，跳开以前主要从供给方面研究的缺陷，从需求方面分析了环境规制对国际竞争力和出口利益的影响及其影响机理。

5.4.1　封闭经济下环境规制对出口利益的影响

假设两个古诺寡头生产产生污染的产品。为了分析的简化，两家企业的边际生产成本 C 是相同的且不变的。当一家企业在考虑其他企业生产决策的情况下，另一家企业都会使自身利益最大化。反需求函数为 $p=a-bQ$，$a>0$，$b>0$，其中 p 和 Q 分别表示产品的价格和需求；产品的供给是两家公司生产的总和，即 $Q=q_1+q_2$。

由于生产过程中会产生污染，因此两家企业均被要求采取一些减排措施。污染排放量 E_i 与企业的产出水平成正比，因此 $E_i=rq_i$，且 $r>0$，r 表示创新前的技术参数。企业要么通过降低产出水平，要么采取一些减排措施来减少其污染排放水平。减排总量用 $A_i=\alpha_i q_i$ 来表示，其中 α 代表了不同减排措施对应的减排系数，对应的减排成本为 $C_i = e_i A_i^2$[①]，其中 e_i 是一个正数。

不失一般性，我们以环保部门实施可交易的排放许可证（以下简称 TEP），作为以市场激励为基础的环境规制制度来控制污染总排放水平。因为以波特假说的修正学派主张，如果环境监管是恰当的基于市场激励的规制类型而不是命令—控制型，那么环境规制可能会增加企业的竞争力。TEP 是基于激励的手段的一个例子，可以用来分析波特假说。在该制度中，企业必须拥有一个预先指定的可以排放一定量污染物的许可证，即他们可能需要在每排放 1 单位污染物时减少持有 1 个许可证。这些许可证可以在企业之间进行贸易。

一国污染是其内部许多污染行业共同作用的结果。假设环境规制适用于所有的污染行业，且可交易许可证的市场是完全竞争的，因此，所有企业接受市场制定的许可证价格 P^E。最初给定每个企业可交易的许可证数量为$\overline{E}$。企业 i 对许可证的需求是由其理想排放水平与最初给定的许可证数量之间的差异决定的，即 $E_i - A_i - \overline{E}$的。

因此，每个企业的最优化问题即为：

$$\max_{q_i, \alpha_i} \pi_i = pq_i - cq_i - e_i A_i^2 - P^E (E_i - A_i - \overline{E}) \tag{5.11}$$

企业通过 α_i 选择输出和减排水平，以实现利润最大化。在方程（5.11）中更换 A_i 和 E_i，则：

$$\max_{q_i, \alpha_i} \pi_i = pq_i - cq_i - e_i (\alpha_i q_i)^2 - P^E (rq_i - \alpha_i q_i - \overline{E}) \tag{5.12}$$

其中 α_i 是与最佳的减排水平相关的选择变量。

以 $p = a - b(q_i + q_j)$ 代入方程（5.12）中，并分别对 q_i 和 α_i 进行求导，最后可求得企业 i 的反应函数如下：

$$q_i = \frac{a - c - rP^E}{2b} - \frac{1}{2} q_j \tag{5.13}$$

于是，可求得最优产出水平为：

$$q_i = \frac{a - c - rP^E}{3b} \tag{5.14}$$

因为假设各企业的产出相同，因此可求得最优减排水平和价格分别为：

$$A_i = \alpha_i q_i = \frac{P^E}{2e_i} \tag{5.15}$$

$$p = a - b(q_1 + q_2) = \frac{a + 2c = 2rP^E}{3} \tag{5.16}$$

---

① Alpay, Savas. Can Environmental Regulations be Compatible with Higher International Competitiveness? Some New Theoretical Insights[R]. FEEM Working Paper No. 56. 2001. Available at SSRN: http://ssrn.com/abstract=278808.

此时,相应的利润水平将是:

$$\pi_i=\frac{(a-c-rP^E)^2}{9b}+\frac{(P^E)^2}{4e_i}+P^E\overline{E} \tag{5.17}$$

根据波特假说,在采取更为严厉的环境规制方案之后,在企业产出水平变的情况下,拥有较低的减排成本(即降低 e_i)的企业可以获取更高的利润。先把问题推到极端,即不采取任何环境规制,自然没有任何减排活动产生,此时的利润如下:

$$\pi_i=\frac{(a-c)^2}{9b} \tag{5.18}$$

若要使方程(5.17)的利润大于方程(5.18)的利润,通过分解整理后得,即意味着

$$\frac{r^2P^E}{9b}+\frac{P^E}{4e_i}+\overline{E}\geqslant\frac{2(a-c)r}{9b} \tag{5.19}$$

亦即如果式(5.19)成立时,受到环境规制情况下的企业的利润高于非规制下的利润。这种现象的出现可能是由于在环境规制期间减排技术得到了升级,或者也可能是由于许可证在不同公司之间的初始分配的结果。

接下来再看看环境规制对公司的竞争力影响的不同情况。

随着环保法规日趋严格,企业持有许可证的数量从 $\overline{E}_T$ 减少到 $\widetilde{E}_T$,这时面对更为严苛的环境规制的方式企业有两种选择:要么维持现状,要么进行创新。也就是说,他们或者继续采用目前的生产技术和减排技术或者尝试通过增加研发投资来获得更高水平的生产技术和减排技术。

假设企业从事研发活动,那么需花费成本 C_R,且可以得到概率为 γ 同时具有参数 $\tilde{e}$ 和 $\tilde{r}$ 的新的减排技术,其中 $\tilde{e}<e,\tilde{r}<r$;若概率为 $(1-\gamma)$,则公司将不能够创新,但仍然会产生 R&D 成本。

另一方面,更为严苛的环境规制将对许可证市场产生影响,环境规制越严苛,许可证供应量会越少,而许可证的总供应量的下降会提高许可证的价格,进而会使得企业改变对产量、减排水平以及 R&D 投资的决策。

(1)没有创新情况下环境规制对出口利益的影响

假设没有一个企业开展研发,那么每个企业的市场份额和利润水平将如下所示($\widetilde{P}^E$ 代表新的许可证的价格):

$$q_i=\frac{a-c-r\widetilde{P}^E}{3b} \tag{5.20}$$

相应的利润水平为:

$$\pi_i=\frac{(a-c-r\widetilde{P}^E)^2}{9b}+\frac{(\widetilde{P}^E)^2}{4e_i}+\widetilde{P}^E\widetilde{E} \tag{5.21}$$

如果许可证的需求非常具有价格弹性，即许可证价格变化一点点，其需求量会发生很大变化。因此，可假设 $\widetilde{P}^E$ 非常接近 P^E，再比较方程(5.14)和方程(5.20)发现，两种情况下的市场份额几乎保持相同；但是，由于$\widetilde{E}<\overline{E}$，因此每个企业的收益预计会在政府实施更严格的监管后会降低。如果许可证的需求缺乏价格弹性，意味着环境规制严度提高很多时，其供应量会下降很多，从而许可证的价格会大幅度提高时，最终会对许可证的需求产生一些影响。既然许可证的供应下降，许可证的价格将增加，$\widetilde{P}^E>P^E$，因而从式(5.20)可知，每个企业的产量会减少；但许可证价格的上升对利润水平同时产生正面和负面的影响，在式(5.21)中的第一项代表消极影响，第二和第三项代表积极影响，这表明环境规制严度增加对企业的利润的影响并不确定，即增加利润和减少利润皆有可能。因此，可以得出结论：即使企业不进行创新，更严苛的环境规制也有可能使其利润增加。

(2) 存在创新情况下环境规制对出口利益的影响

一种情况是，只有一家企业创新。假设企业 2 从事研发，并在概率 γ 下以 C_R 成本获取参数 $\tilde{r}$ 和 $\tilde{e}_2$ 的新技术，企业 1 继续使用原来的技术[①]；且许可证的需求不是很富有价格弹性，其价格从 P^E 上升到 $\widetilde{P}^E$。这种情况下，市场份额、减排情况以及润水平均受到影响，企业 2 的最大化利润为：

$$\max_{\alpha_2 q_2}\pi_2=\gamma[pq_2-cq_2-\tilde{e}_2(\tfrac{\alpha}{2}q_2)2-\widetilde{P}^E(\tilde{r}q_2-\alpha_2q_2-\widetilde{E})-C_R]$$

$$+(1-\gamma)[pq_2-cq_2-e_2(\tfrac{\alpha}{2}q_2)2-\widetilde{P}^E(\tilde{r}q_2-\alpha_2q_2-\widetilde{E})-C_R] \quad (5.22)$$

以 $p=a-b(q_1+q_2)$代入式(5.22)中，并分别对 q_2 和 α_2 进行求导，最后可求得企业 1 和企业 2 的最优产出水平分别为

$$q_1=\frac{a-c-2r\widetilde{P}^E+[\gamma\tilde{r}+(1-\gamma)r]\widetilde{P}^E}{3b} \quad (5.23)$$

$$q_2=\frac{a-c-2[\gamma\tilde{r}+(1-\gamma)r]\widetilde{P}^E+r\widetilde{P}^E}{3b} \quad (5.24)$$

据此可求得企业 1 和企业 2 的最优减排水平分别为

$$A_1=\frac{\widetilde{P}^E}{2e_1} \quad (5.25)$$

$$A_2=\frac{\widetilde{P}^E}{2[\gamma\tilde{e}_2+(1-\gamma)e_2]} \quad (5.26)$$

① 当两个企业的位置互换之后，企业 1 创新和而企业 2 维持现状的情况将和下面的分析完全一样。

此时，相应的利润水平分别为

$$\pi_1=\frac{[a-c-2r\tilde{P}^E+\gamma\tilde{r}+(1-\gamma)r\tilde{P}^E]^2}{9b}+\frac{(\tilde{P}^E)^2}{4e_1}+\tilde{P}^E\tilde{E}\tag{5.27}$$

$$\pi_2=\frac{\{a-c-2[\gamma\tilde{r}+(1-\gamma)r]\tilde{P}^E+r\tilde{P}^E\}^2}{9b}+\frac{(\tilde{P}^E)^2}{4[\gamma\tilde{e}_2+(1-\gamma)e_2]}+\tilde{P}^E\tilde{E}-C_R\tag{5.28}$$

由于 $\tilde{r}<r,0<\gamma<1$，且假设 $\gamma\tilde{r}+(1-\gamma)r<r$，那么可得 $-2(\gamma\tilde{r}+(1-\gamma)r)+r>-2r+\gamma\tilde{r}+(1-\gamma)r$，因此，$q_2>q_1$。并且由于 $\gamma\tilde{e}_2+(1-\gamma)e_2<e_1$，那么就有 $A_2>A_1$。

在上述这些条件下，假设创新企业 2 比不进行创新的企业 1 的利润大，即 $\pi_2>\pi_1$，整理方程(5.27)和方程(5.28)可知当创新的成本 C_R 满足式(5.29)时，那么进行创新的公司也将比非创新公司赚取更高的利润。

$$(\tilde{P}^E)^2\frac{e_1-[\gamma\tilde{e}_2+(1-\gamma)e_2]}{4e_1[\gamma\tilde{e}_2+(1-\gamma)e_2]}>C_R\tag{5.29}$$

同时，当环保法规变得更加严格，进行创新的公司将会增加其市场份额，和不进行创新的公司相比，它也将会承担更高水平的减排。具体分析如下：

相比其他企业来说，从事研发的企业 2 在每个产量水平下会减少其污染物排放水平，并会降低生产成本，增加其市场份额。同时，因为两家公司都将面临同样的许可证价格，所以许可证价格的变化对减排水平、生产成本以及市场份额均不会产生影响。

假定减排成本系数 $\gamma\tilde{e}_2+(1-\gamma)e_2<e_1$，因此，这就意味着企业 2 拥有一种更好的减排技术，创新的企业会使得减排水平更高，如方程(5.25)和方程(5.26)所示，显然 $A_2>A_1$，这也使得创新企业获取更高的许可证收益成为可能，企业的预期利润因此也往往会增加。公司要进行更大的减排往往会给公司增加新的成本，但通过研发的技术变革可能会部分或完全抵消新产生的这些成本。此外，也需要考虑 R&D 的成本。在某些情况下，环境监管确实可以提升创新企业的竞争力，而维持现状的公司不能从严格的环境监管下获益。但如果创新的成本非常高，那么严厉的规制可能会导致创新性的公司的竞争力下降。

还有个有意思的现象，即假设环境规制实施前后均存在创新的机会，这是一种合理的假设。因此，问题是，如果创新可以增加利润，那么为什么企业不在实施严格的环境规制之前就进行创新呢？

假定实施更严苛的环境规制之前，R&D 投资的项目不可行，此时，许可证价格为 P^E，因此意味着实施环境规制的企业 2 的利润不大于实施前的利润，即

$$\frac{\{a-c-2[\gamma\tilde{r}+(1-\gamma)r]\tilde{P}^E+r\tilde{P}^E\}^2}{9b}+\frac{(\tilde{P}^E)^2}{4[\gamma\tilde{e}_2+(1-\gamma)e_2]}+\tilde{P}^E\tilde{E}-C_R$$
$$\leqslant\frac{(a-c-r\tilde{P}^E)^2}{9b}+\frac{(\tilde{P}^E)^2}{4e_2}+\tilde{P}^E\tilde{E} \tag{5.30}$$

实施更严苛的环境规制后，许可证价格上升到 $\tilde{P}^E$，因此带来的收益的上升可能会使得不等式(5.30)的不等号发生完全的逆转，即

$$\frac{\{a-c-2[\gamma\tilde{r}+(1-\gamma)r]\tilde{P}^E+r\tilde{P}^E\}^2}{9b}+\frac{(\tilde{P}^E)^2}{4[\gamma\tilde{e}_2+(1-\gamma)e_2]}+\tilde{P}^E\tilde{E}-C_R$$
$$\geqslant\frac{(a-c-r\tilde{P}^E)^2}{9b}+\frac{(\tilde{P}^E)^2}{4e_2}+\tilde{P}^E\tilde{E} \tag{5.31}$$

严格的环境监管会提高许可证的价格，即 $\tilde{P}^E>P^E$，我们可以通过将方程(5.30)的左边减去右边后并用 Δ 表示，再对 P^E 进行求导，发现如果满足 $a-c-2R_EP^E\geqslant0$，则有 $\frac{d\Delta}{dP^E}\geqslant0$。

在实施严苛的环境规制之前，由于较低的许可证价格以及较高的创新成本，企业并没有发现投资研发是有利可图的。式(5.30)和式(5.31)表明了实施更为严苛的环境规制后，许可证的潜在收入会上升；但是，研发投资是否会改进技术并不确定的。其中一种可能的结果是研发取得的预期收益会超过创新的成本，因而企业决定对以前未创新的项目进行创新。因此，更为严苛的环境规制会使得以前不可行的项目变得可行，即可以产生正的外部性。

所以，由于更严格的环境政策的制定而使得许可证价格发生变化，也使得企业之前不可行的项目变得有利可图成为可能。

另一种情况是，如果两家企业从事创新，那么更严格的环保法规将导致他们的利润均增加。

假设两家公司都受到严格的环境监管和激励而均投资于研发，且两个企业的创新产生的技术参数和创新的概率是相同的，那么利润最大化时相关变量的最优值如下：

$$q_1=q_2=\frac{a-c-[\gamma\tilde{r}+(1-\gamma)r]\tilde{P}^E}{3b} \tag{5.32}$$

$$A_i=\frac{\tilde{P}^E}{2[\gamma\tilde{e}_i+(1-\gamma)e_i]} \tag{5.33}$$

$$\pi_i=\frac{\{a-c-[\gamma\tilde{r}+(1-\gamma)r]\tilde{P}^E\}^2}{9b}+\frac{(\tilde{P}^E)^2}{4[\gamma\tilde{e}_2+(1-\gamma)e_2]}+\tilde{P}^E\tilde{E}-C_R \tag{5.34}$$

由于$\gamma\tilde{r}+(1-\gamma)r<r$，式(5.34)的第一项大于式(5.17)的第一项，给定条件下，式(5.34)中的其他项也大于式(5.17)的其他项；同时，通过比较方程(5.34)与方程(5.28)给出的只有一家企业从事创新获得的利润，发现，既然$-2[\gamma\tilde{r}+(1-\gamma)r]+r>-[\gamma\tilde{r}+(1-\gamma)r]$，那么$\pi_2>\pi_i$；即当只有一家企业创新而不是两家企业均创新时，创新企业的利润会比较高。此时，两家企业的创新成本需满足如下条件：

$$\frac{(\widetilde{P}^E)^2}{4[\gamma\tilde{e}_2+(1-\gamma)e_2]}+\widetilde{P}^E\widetilde{E}-\frac{(P^E)^2}{4e_i}-P^E\overline{E}>C_R \quad (5.35)$$

结果是两家企业均从事创新，那么更严格的环保法规将导致他们的利润均增加。

5.4.2　在开放经济下分析环境规制对出口利益的影响

现在将5.3.1中对环境规制、创新和出口利益之间的相互作用机制的研究结果扩展到开放经济体系中。

假设两个国家：本国(H)和外国(F)，且每个国家都由两个古诺寡头垄断生产相同的产品。对产品的需求由下式表示：

$$p=a-b(Q^H+Q^F) \quad (5.36)$$

每个国家都采用可交易排放许可证规制政策，但起初环境监管相对宽松。为了使分析4个不同的公司更加容易处理，假设国内外的4个企业的每个方面都是相同的，这将有利于找出环境监管对公司的竞争力的影响。

和5.3.1中推导过程一样，可以得到利润最大化下的产出、减排和利润水平分别为：

$$q_i^H=q_i^F=\frac{a-c-rP^E}{5b} \quad (5.37)$$

$$A_i^H=A_i^F=\frac{P^E}{2e} \quad (5.38)$$

$$\pi_i^H=\pi_i^F=\frac{(a-c-rP^E)^2}{25b}+\frac{(P^E)^2}{4e}+P^E\overline{E} \quad (5.39)$$

最初，每个国家在不同企业之间分配了$\overline{E}_T$的许可证，但假设不同国家有着相同的产出、减排和利润水平。在初始均衡状态下，母国实施新的环保法规，就将交易许可证的数量从$\overline{E}_T$减少到$\widetilde{E}_T$，那么，在下面不同情况下，国内企业的竞争力会如何：① 若两家企业都继续使用目前的技术；② 若两家企业均尝试创新，并以相同成本获得更好的技术；③ 若其中一家企业试图创新而另一家则保持其原有的技术。

1. 两家企业都继续使用目前的技术

假设国内企业不进行R&D活动，且许可证需求非常具有价格弹性，那么企业市场份额将保持不变；否则，许可证的价格 P^E 在国内将上升，国内企业的市场份额将下降，而外国公司的份额将上升。由于环境政策在国外不会发生变化，因此许可证的价格在国外将维持在 P^E。如果本国新的许可证价格水平在 $\widetilde{P}^E$，那么新的产出、减排和利润水平将会如下：

$$q_i^H = \frac{a-c+(2P^E-3\widetilde{P}^E)r}{5b} \tag{5.40}$$

$$q_i^F = \frac{a-c+(2\widetilde{P}^E-3P^E)r}{5b} \tag{5.41}$$

$$A_i^H = \frac{\widetilde{P}^E}{2e} \tag{5.42}$$

$$A_i^F = \frac{P^E}{2e} \tag{5.43}$$

$$\pi_i^H = \frac{[a-c+(2P^E-3\widetilde{P}^E)r]^2}{25b} + \frac{(\widetilde{P}^E)^2}{4e} + \widetilde{P}^E\widetilde{E} \tag{5.44}$$

$$\pi_i^F = \frac{[a-c+(2\widetilde{P}^E-3P^E)r]^2}{25b} + \frac{(P^E)^2}{4e} + P^E\overline{E} \tag{5.45}$$

当 $\widetilde{P}^E > P^E$ 时，比较式(5.40)和式(5.41)可知，则 $(2P^E-3\widetilde{P}^E) < (2\widetilde{P}^E-3P^E)$，因此，$q_i^H < q_i^F$，国外厂商的市场份额将超过国内企业。而比较利润水平(亦即竞争力)就没有那么简单。如果许可证的需求非常具有价格弹性，当 $\widetilde{P}^E = P^E$ 时，由于 $\overline{E} > \widetilde{E}$，那么将有 $\pi_i^F > \pi_i^H$，显然这是对传统学派的支持。当 $\widetilde{P}^E > P^E$ 时，利润比较就变得更加困难。究竟是支持传统学派还是修正学派，主要取决于许可证的需求价格弹性，以及可用的许可证的数量。假设在这种情况下，监管机构不会采取任何研发投入，则创新的可能性将在下面两种情况下考虑，即比较不同企业间的利润和不同规制严度下公司的利润。对外国公司而言，由于 $\widetilde{P}^E > P^E$，则 $(2\widetilde{P}^E-3P^E) > -P^E$，所以实施更严苛环境规制后的外国公司的利润[式(5.45)]高于规制前的利润[式(5.39)]。

因此，本国更严格的环境监管将无条件改善外国企业的福利，但是，有可能在某些情况下，根据许可证市场的性质，他们的改善将低于国内企业。

2. 若两家企业均尝试创新，并以相同成本获得更好的技术

国内企业从事研发活动，并以概率 γ 成功地进行了创新。如上所述，新技术的变量为 $\tilde{e}$ 和 $\tilde{r}$。此外，更严格的环境监管下，本国许可证价格上升到 $\tilde{P}^E$。国内外两家公司的产出、减排和利润水平如下：

$$q_i^H = \frac{a - c + 2rP^E - 3R_E\tilde{P}^E}{5b} \tag{5.46}$$

$$q_i^F = \frac{a - c + 2R_E\tilde{P}^E - 3rP^E}{5b} \tag{5.47}$$

$$A_i^H = \frac{\tilde{P}^E}{2[\gamma\tilde{e} + (1-\gamma)e]} \tag{5.48}$$

$$A_i^F = \frac{P^E}{2e} \tag{5.49}$$

$$\pi_i^H = \frac{(a - c + 2rP^E - 3R_E\tilde{P}^E)^2}{25b} + \frac{(\tilde{P}^E)^2}{4[\gamma\tilde{e} + (1-\gamma)e]} + \tilde{P}^E\tilde{E} - C_R \tag{5.50}$$

$$\pi_i^F = \frac{(a - c + 2R_E\tilde{P}^E - 3rP^E)^2}{25b} + \frac{(P^E)^2}{4e} + P^E\overline{E} \tag{5.51}$$

其中，$R_E = \gamma\tilde{r} + (1-\gamma)r$，表示创新后的技术参数。当国内环保法规变得更加严格，且环境规制变化后国内企业进行了创新，如果 $rP^E > R_E\tilde{P}^E$，比较式(5.46)和式(5.37)就会发现，国内企业的市场份额将会增加；相比较外国公司来说，本国公司将承担更高水平的减排。最后，如前面一样的推导过程，我们发现若下面的条件成立，国内企业将更有竞争力：

$$\frac{(\tilde{P}^E)^2}{4[\gamma\tilde{e} + (1-\gamma)e]} + \tilde{P}^E\tilde{E} - \frac{(P^E)^2}{4e_i} - P^E\overline{E} > C_R \tag{5.52}$$

根据新的技术参数值($\tilde{e}$ 和 $\tilde{r}$)、R&D 成本 C_R、许可证需求价格弹性以及创新的概率 γ，建立模型以证明究竟是修正学派的观点成立还是传统学派的观点成立。在上述命题条件下，存在支持修正学派的证据：国内企业增加的利润超过外国公司，而且超过他们实施环境规制前的利润。此外，外国公司在本国引进严格的环境规制后，其规制后的利润将低于其低于其规制前的利润，这点可比较利润表达式(5.39)和式(5.51)可得。反之，若 $rP^E < R_E\tilde{P}^E$，那么我们会得到支持传统学派的观点。

3. 若其中一家企业试图创新而另一家则保持其原有的技术

假设企业 1 创新，而企业 2 使用原有的技术，这种情况下产生的输出，减排和利润水平如下：

$$q_1^H = \frac{a-c+3rP^E-4R_E\widetilde{P}^E}{5b} \tag{5.53}$$

$$q_2^H = \frac{a-c+R_E\widetilde{P}^E-2rP^E}{5b} \tag{5.54}$$

$$q_1^F = q_2^F = \frac{a-c+R_E\widetilde{P}^E-2rP^E}{5b} \tag{5.55}$$

$$A_1^H = \frac{\widetilde{P}^E}{2[\gamma\widetilde{e}+(1-\gamma)e]} \tag{5.56}$$

$$A_2^H = \frac{\widetilde{P}^E}{2e} \tag{5.57}$$

$$A_i^F = \frac{P^E}{2e} \tag{5.58}$$

$$\pi_1^H = \frac{(a-c+3rP^E-4R_E\widetilde{P}^E)^2}{25b} + \frac{(\widetilde{P}^E)^2}{4[\gamma\widetilde{e}+(1-\gamma)e]} + \widetilde{P}^E\widetilde{E} - C_R \tag{5.59}$$

$$\pi_2^H = \frac{(a-c+R_E\widetilde{P}^E-2rP^E)^2}{25b} + \frac{(\widetilde{P}^E)^2}{4e} + \widetilde{P}^E\widetilde{E} \tag{5.60}$$

$$\pi_1^F = \pi_2^F = \frac{(a-c+R_E\widetilde{P}^E-2rP^E)^2}{25b} + \frac{(P^E)^2}{4e} + P^E\overline{E} \tag{5.61}$$

当本国环保法规变得更加严格，且其中一家国内企业进行了创新，而另一家没有，如果 $rP^E > R_E\widetilde{P}^E$，此时创新企业的市场份额将会比非创新企业的大，其市场份额也比两个外国公司的大；而国内创新企业的减排将超过其他公司。如果研发成本满足下列条件，比较式(5.59)和式(5.60)，发现有 $\pi_1^H > \pi_2^H > \pi_i^F$，那么表明创新企业的竞争力将会比所有其他企业大得多：

$$\frac{(\widetilde{P}^E)^2}{4[\gamma\widetilde{e}+(1-\gamma)e]} + \widetilde{P}^E\widetilde{E} - C_R \geqslant \frac{(P^E)^2}{4e_i} + P^E\overline{E} \tag{5.62}$$

而且，当 $rP^E > R_E\widetilde{P}^E$ 时，比较式(5.59)和式(5.50)发现，只有一个企业创新比两个企业创新时创新的收益更高。

上述这个结果是完全符合波特假说。修正学派主张严格的环保法规会刺激企业投资于研发和创新，而创新将会通过降低生产成本对企业的竞争力产生积极影响。他们认为,环境规制激励的创新也会带来非减排成本的下降,这将进一步提高企业的竞争力。即使创新也不能带来在公司的非减排成本的下降,通过创新带来的减排技术的变化和环境规制引发的许可证市场的变化,都可足以抵消实施新的环境法规带来的负担。

5.4.3 从需求角度分析环境规制对出口利益的影响

环境政策的变化不仅会影响经济的供给方面也会影响其需求方面。史密斯和埃斯皮诺萨(1996)提出了“污染本身可能会改变所需求商品的构成”的观点。同样,环境规制也可以更改私人物品的需求:消费者可能偏好用清洁方法生产出来的产品。实践中存在的生态或绿色标签就是这一观点的验证。这些标签提供了产品关于环保方面的信息,以吸引消费者的购买。在这种情况下,当环境监管在本国变得更加严格时,对国产商品的需求可能会增加。这可以通过以下需求函数来说明:

$$p = a - b_h Q^H - b_f Q^F \tag{5.63}$$

$b_h < b_f$,这意味着 Q^H 的需求的价格弹性(绝对值)较 Q^F 高。根据上节中同样的推导过程,我们可以得到国内外厂商的最优产量,减排水平和利润如下:

$$q_i^H = \frac{a - c - rP^E}{5b_h} \tag{5.64}$$

$$q_i^F = \frac{a - crP^E}{5b_f} \tag{5.65}$$

$$A_i^H = A_i^F = \frac{P^E}{2e} \tag{5.66}$$

$$\pi_i^H = \frac{(a - c - rP^E)^2}{25b_h} + \frac{(P^E)^2}{4e} + P^E\,\overline{E} \tag{5.67}$$

$$\pi_i^F = \frac{(a - c - rP^E)^2}{25b_f} + \frac{(P^E)^2}{4e} + P^E\,\overline{E} \tag{5.68}$$

因为 $b_h < b_f$,比较式(5.64)和式(5.65)发现,国内企业的总产量比外国公司的更高,再比较式(5.67)和式(5.68)发现,国内企业的利润比国外企业的利润更高。

方程(5.64)～方程(5.68)代表了需求价格弹性在国内和国外的不同情况。假设不同国家的需求价格弹性差异的原因是本国通过限制许可证的数量实施了新的更严苛的环境规制,此时本国许可证价格为 $\widetilde{P}^E$,本国企业拥有的许可证数量为$\widetilde{E}$,改变方程(5.64)～方程(5.68),并假设新的环境规制后没有进行研

发投资，则有

$$q_i^H = \frac{a - c + r(2P^E - 3\widetilde{P}^E)}{5b_h} \tag{5.69}$$

$$q_i^F = \frac{a - c + r(2\widetilde{P}^E - 3P^E)}{5b_f} \tag{5.70}$$

$$\pi_i^H = \frac{[a - c + r(2P^E - 3\widetilde{P}^E)]^2}{25b_h} + \frac{(\widetilde{P}^E)^2}{4e} + \widetilde{P}^E \widetilde{E} \tag{5.71}$$

$$\pi_i^F = \frac{[a - c + r(2\widetilde{P}^E - 3P^E)]^2}{25b_f} + \frac{(P^E)^2}{4e} + P^E \overline{E} \tag{5.72}$$

为了考察环保法规对需求方变化的影响，需要用本书第 4 章 4.3.2 中第一种情况中的那些变量与方程(5.69)～方程(5.72)进行比较。当被监管企业不投资于研发，如方程(5.40)～方程(5.45)所示，显示了更严苛环境规制对于国际竞争力的影响情况。假设 $b_h < b < b_f$，比较式(5.69)和式(5.40)，发现国内企业的产量比以前情况下将更高。考虑环境规制对需求方的作用，比较方程(5.70)和方程(5.41)国外产量将相对较低。在考虑了需求方的影响后，比较方程(5.71)～方程(5.72)和方程(5.44)～方程(5.45)的利润表达式，可以发现国内企业利润比以前增加了，而国外企业利润反而减少了。

可见，如果企业在受到环境规制后，并不进行任何的创新，也会因为需求方的变化就提高了其竞争力。即说，如果消费者更偏好在严格的环保法规下生产的产品(即以环境更友好的方式)，那么提高被监管企业的国际竞争力和出口利益就变得更容易。这其实从另外一个角度支持了修正学派的观点。

本章从环境规制的含义入手，按时间顺序阐述了环境规制的演进，并从环境规制的实施角度，将其分为三种类型：即命令—控制型、基于市场的激励型环境规制以及自愿执行和产品有关的环境措施以及环境管理体系，然后运用基本成本函数分析了环境规制对出口企业环境成本的直接影响和间接影响，最后借鉴 Sartzetakis 和 Constantatos(1995)和 Alpay(2001)的分析框架，将技术创新、环境规制和竞争力一起纳入分析框架中，先在封闭经济系统下分析环境规制对国际竞争力和出口利益如何影响，然后再扩展到开放经济系统下，同时，跳开以前主要从供给方面研究的缺陷，从需求方面分析了环境规制对国际竞争力和出口利益的影响及其影响机理。

不管哪种类型的环境规制，其实都直接影响到出口企业的环境成本的高低，进而间接影响到出口企业乃至一个产业的国际竞争力和出口利益的大小。本章运用基本成本函数分析了实施环境规制会从两个方面影响出口企业的环境成本：一方面，在环境规制的基础上被要求支付的，因为要达到环境规制的要求被要求支付的改进生产工艺流程或增加环保设备的投入，和用于资源恢复或者治理环境的支出，否则达不到环境规制的要求，企业还被要求为超过部分支付环境损害赔偿费。另一方面，是因为实施环境规制带来的各方面的环境机会成本，即指在服从环境规制以外出口企业面临的各种不利因素，通常因不良的环境业绩而丧失竞争和发展的机会。这两个方面的环境成本均会对出口企业的生产和决策成本产生影响，也会对出口企业乃至产业的产出和国际竞争力产生直接或间接的影响。

在封闭经济系统下，可以发现，即使企业不进行创新，更严苛的环境规制也有可能使其利润增加。当一家企业进行创新而另一家并不创新时，创新的企业将比非创新企业赚取更高的利润，也更具有竞争力；另一方面，当环保法规变得更加严格，进行创新的公司将会增加其市场份额，和不进行创新的公司相比，它将会承担更高的减排；第三，由于更严格的环境政策的制定而使得许可证数量减少、其价格上升，这也会使得企业之前不可行的项目变得有利可图成为可能。当两家企业均进行创新时，那么更严格的环保法规将导致他们的利润均增加。

在开放经济系统下，基于以下三种不同情况下，国内企业的竞争力和贸易利益会受到不同的影响。① 若国内两家企业都继续使用目前的技术，则本国更严格的环境监管将会无条件改善和提高外国企业的福利，但是，有可能在某些情况中，根据许可证市场的性质，他们的改善将低于国内企业；② 若国内两家企业均尝试创新，并以相同成本获得更好的技术情况下，当国内环保法规变得更加严格，而且环境规制变化后国内企业进行了创新，如果 $rP^E>R_E\tilde{P}^E$，国内企业的市场份额将会增加；相比较外国公司来说，本国公司将承担更高水平的减排；同时在一定条件下国内企业将更有竞争力；③ 若国内其中一家企业试图创新而另一家则保持其原有的技术情况下，创新公司的市场份额将会比非创新企业的大，如果 $rP^E>R_E\tilde{P}^E$，其市场份额也比两个外国公司的大；而国内创新企业的减排将超过其他公司；同时在研发满足一定条件下，其竞争力将会比所有其他公司上升得多。

环境政策的变化不仅会影响经济的供给方面也会影响其需求方面。当环境监管在本国变得更加严格时，对国产商品的需求可能会增加。如果消费者更偏好在严格的环保法规下生产的产品（即以环境更友好的方式），那么提高被监管企业的国际竞争力和出口利益就变得更容易。

第 6 章　环境规制不促进创新下对我国环境敏感性产业出口利益影响的实证分析[①]

本章基于修正后的贸易引力模型，在区分内生和外生环境规制基础上，基于本书第 5 章 5.2 的分析，用国际竞争力衡量出口利益，实证检验了环境规制不促进创新情况下对我国不同环境敏感性产品出口利益[②]的影响。结果表明，目前内生和外生环境规制对我国污染密集型产品的出口利益的影响均呈倒 U 形；我国现仍处在外生环境规制拐点的左边，即随着政府加强环境管理，我国环境敏感性产品出口利益呈增加趋势；当处在内生环境规制拐点的右边时，即随着我国人均 GDP 水平的提高，我国环境敏感性产品出口利益反而呈下降趋势。

6.1　贸易引力模型

自 20 世纪 90 年代以来，国内外学者还采用不同的分析框架对此进行了实证检验，一种是在 HOV 模型中加入环境规制变量（Tobey，1990；Valluru&Peterson，1997；Cole&Elliott，2003；Busse，2004；陆旸，2009），另一种是基于贸易引力模型分析框架（Van Beers 和 Van den Bergh，1997；Xu，2000；Grether 和 de Mole，2003；陆菁，2007），此外，傅京燕等（2010）基于面板数据采

① 章秀琴，张敏新. 环境规制对我国环境敏感性产品出口竞争力影响的实证分析[J]. 国际贸易问题，2012(05)：128-135.

② 本书第 6 章和第 7 章中以环境敏感性行业为研究对象，是考虑到这类行业受到环境和环境规制的影响比非环境敏感性行业的影响更大。

用 FGLS 回归方法，董敏杰等(2011)运用投入—产出模型实证研究了环境规制对中国出口竞争力的影响，但并无统一结论。

生产要素禀赋理论表明，国际贸易主要的影响因素有自然地理因素和社会地理因素，诸多实证研究表明，不同国家间的贸易流量与其经济规模成正比，而与距离成反比，类似于万有引力定律，这就是基本的贸易引力模型。此后，研究者们逐步在模型中加入人口、人均 GDP、文化距离、共同边界等，对其进行修正和扩展。尽管贸易引力模型缺乏完备的理论解释，但因其直观的经济解释，和在实证研究中的简便易行，因而在检验双边贸易流量的影响因素，测算贸易潜力等领域得到了广泛应用[①](张海森，2011)。

最早引入引力模型来分析贸易与环境问题的是 Van Beers 和 Van den Bergh(1997)，选取了两国国土面积、GDP 和人口以及两国环境规制严度、距离、虚拟变量欧共体和 EFTA(欧洲自由贸易联盟)等作为自变量，总双边出口、污染产业双边贸易流和非资源性行业(footloose -industry)贸易流三种形式的双边贸易流作为因变量，以 1975 年的 14 个 OECD 国家、9 个发展中国家和 1992 年的 21 个 OECD 国家作为样本，经过一系列回归分析，发现 1975 年环境规制严度与出口绩效呈正向关系，但 OECD 国家环境规制严度对污染产业的贸易竞争力影响较小。

除了回归自变量中包含进口关税指标之外，Xu(2000)基本上沿用了 Van Beers 和 Van den Bergh(1997)的引力模型的分析框架，并从 145 个国家中随机选用 31 个收入差距较大的国家作为研究对象，研究结果是环境规制有助于总出口，但环境敏感性产品的出口竞争力未受影响。

Grether 和 Melo(2003)在 Xu(2000)引力模型框架基础上引入了显示性比较优势指标，实证分析了造纸、化学、钢铁、有色金属及其他非金属制造 5 个污染密集型产业的环境规制对其出口竞争力的影响，认为环境规制对污染密集型产业的国际贸易流影响不大。

陆菁(2007)进一步对原有引力模型进行了修正，在环境规制中纳入了国际政府间多边环境合作、对环境规制不同的度量体系等，并选取 51 个国家和地区作为样本，分别从全球视角与中国层面检验了环境规制对 10 类污染密集型产业贸易的影响。研究发现：环境规制对总的污染密集型产品贸易呈显著正相关，但对可迁移的污染密集型产业贸易的影响较为复杂。

上述引力模型分析框架下的经验研究结果并不统一，主要有两个原因：一

---

① 张海森，谢杰. 中国—非洲农产品贸易的决定因素与潜力：基于引力模型的实证研究[J]. 国际贸易问题，2011(03)：45.

是环境规制仅是影响贸易模式和产业国际竞争力和出口利益的原因之一。傅京燕(2010)认为要素禀赋(物质资本和人力资本)和环境规制均对比较优势产生重要影响。除了环境规制之外,双边贸易引力模型中还会考虑GDP、人口、国土面积等因素(Van Beers 和 Van den Bergh,1997;Xu,2000;Grether 和 de Mole,2003;陆菁,2007)。二是各引力模型中即使变量相同,其选取的样本(国家/地区、行业)、数据来源、内涵、测度方法也有不同。尽管Xu(2000)基本上沿用了Van Beers 和 Van den Bergh(1997)的引力模型的分析框架,但是,由于样本选择不同,研究结论当然会有差异。

本章在前人研究基础上,在区分内生、外生环境规制前提下,采用固定效应变截距模型实证分析了内生和外生环境规制对于我国6大类环境敏感性产品国际竞争力和出口利益的影响情况。

6.2　环境敏感性产业的界定

国内外文献对于环境敏感性产业(Environmental－sensitive Industries,ESIs)或污染密集型产业(Pollution－intensive Industries,PII)如何界定,存在两种基本方法:一是通过计算生产者的污染成本负担大小,来确定环境敏感产业,即指单位产出高的行业(Akbostanci 等,2007);二是计算单位产出的污染排放量(Mini 和 Wheeler,1997;Smarzynska 和 Wei,2001)。

笔者选取近年来制造业①中污染②排放量排名靠前的6个行业,依次为:造纸及制品业(22)、化学原料和化学制品制造业(26)、纺织业(17)、黑色金属冶炼和压延加工业(31)、医药制造业(27)、化学纤维制造业(28)。而2006年国际贸易标准分类(SITC)第4版中第5～9类属于工业制成品。上述两种行业分类标准对于制造业的分类不同,因此需要对接如表6.1所示。

① 2002年我国《国民经济行业分类标准》中制造业包括13～43大类。

② 本书中污染是指工业废水、工业二氧化硫、工业烟尘、工业粉尘以及工业固体废物。

表 6.1　环境敏感性行业在不同行业分类标准的对接

国际贸易标准分类(SITC)Rev. 4. 0	国民经济行业分类标准
Paper, paperboard and articles of paper pulp, of paper or of paperboard(64)	造纸及制品业(22)
Organic chemicals(51) Inorganic chemicals(52) Fertilizers (other than those of group 272)(56) Chemical materials and products, n. e. s(59)	化学原料和化学制品制造业(26) 化学纤维制造业(28)
Textile yarn, fabrics, made — up articles, nes, and related products(65)	纺织业(17)
Iron and steel(67)	黑色金属冶炼和压延加工业(31)
Medicinal and pharmaceutical products(54)	医药制造业(27)
Non—metallic mineral manufactures, nes(66)	非金属矿物制品业(30)

注:将化学原料和化学制品制造业(26)、化学纤维制造业(28)合并成化学原料及制品业。

6.3　外生环境规制的测度

外生环境规制,即环境监管指标的测度是一个难点问题,国内外学者采用多种不同方法对其进行了测度。Walter(1973)使用环保设备的当年投资额衡量。Walter 和 Ugelow(1979)最早基于 23 个国家的环境数据信息建立了外生环境规制指标。Van Beers 和 Van den Bergh(1997)基于 7 项环境指标构建并计算出了符合"污染者付费"原则的环境规制严度数值介于 0 到 1 之间。Dasgupta 等(2001)基于世界各国的环境规制指标,构建了外生环境规制的法律范围和控制机制两个关键性的变量。Ederingtorn 和 Minier(2003)用美国减污运营成本占总成本的比值来衡量。Ievinson 和 Taylor(2008)用美国减污运营成本占产业附加值的比值来衡量。Cole 和 Elliott(2003)用不同污染物的排放密度来衡量。傅京燕(2010)基于我国各行业的实际污染指标采用综合指数法构建了我国各行业的外生环境规制强度。董敏杰等(2011)用污染治理成本的大小衡量。Busse(2004)和陆旸(2009)采用当年 CIESIN(国际地球科学信息中心网)的环境可持续发展指标衡量外生环境规制。

笔者基于环境敏感性行业的各类污染治理情况，选取工业“三废”治理指标[①]，采用综合指数方法来测度 2003～2009 年我国外生环境规制严度。第一步，计算各污染指标的权重 W_i，公式为：

$$W_i = \frac{E_i}{\sum E_i} / \frac{O_j}{\sum O_j} = \frac{E_i}{O_j} \times \frac{\sum O_j}{\sum E_i} = \frac{E_i}{O_j} / \frac{\sum E_i}{\sum O_j} = \frac{UE_{ji}}{\overline{UE_i}} \tag{6.1}$$

其中，E_i 为行业 $j(j=1,2,\cdots,m)$ 污染物 $i(i=1,2,\cdots,n)$ 的排放量；O_j 为行业 j 的总产值；UE_{ji} 为行业 j 的污染物 i 的单位产值排放；$\overline{UE_i}$ 为污染物 i 单位产值排放量全国平均水平，具体数值见表 6.2 所示。根据公式(6.1)计算出每年工业“三废”的权重后(如表 6.3 所示)，再计算出 2003～2009 年各污染指标权重的平均值(如表 6.4 所示)。

表 6.2　2003—2009 年我国主要环境敏感性行业的产值占当年总产值比重

	2003	2004	2005	2006	2007	2008	2009
造纸及制品业	0.0178	0.0191	0.0165	0.0159	0.0041	0.0155	0.0151
化学原料和化学制品制造业	0.065	0.0621	0.065	0.0646	0.0579	0.0669	0.0673
化学纤维制造业	0.0102	0.0102	0.0079	0.0101	0.0344	0.0078	0.007
纺织业	0.0543	0.0444	0.0463	0.0484	0.1565	0.0422	0.0419
黑色金属冶炼和压延加工业	0.0703	0.0758	0.0853	0.0802	0.1183	0.0881	0.0778
医药制造业	0.0203	0.0246	0.0169	0.0159	0.0096	0.0155	0.0172
非金属矿物制品业	0.0397	0.0448	0.0365	0.037	0.0137	0.0413	0.0453

表 6.3　2003—2009 年我国工业“三废”的权重

	工业废水	SO_2	烟尘	粉尘	固体
			2003 年		
造纸及纸制品业	7.252938	0.266903	0.076969	0.018098	0.005721
化学原料及制品制造业	2.063486	0.362632	0.040322	0.028886	0.011723
化学纤维制造业	2.043362	0.112381	0.021959	0.004456	0.019954
纺织业	1.140542	0.056056	0.011279	0.000507	0.003741
黑色金属冶炼及压延加工业	1.1194	0.112388	0.036146	0.185057	0.755198

① “三废”治理指标包括废水排放达标率、SO_2 去除率、烟尘去除率、粉尘去除率、固体废物处置率。

续表

	工业废水	SO_2	烟尘	粉尘	固体
			2003 年		
医药制造业	0.765321	0.046736	0.012756	0.000701	0.027501
非金属矿物制品业	0.51552	0.322615	0.186548	1.836306	0.023005
			2004 年		
造纸及纸制品业	7.584149	0.265545	0.603239	0.010566	0.229644
化学原料及制品制造业	2.402708	0.381346	0.535393	0.109925	0.681965
化学纤维制造业	2.19208	0.142099	0.506393	0.012318	0.051306
纺织业	1.661836	0.064303	0.107737	0.025356	0.039069
黑色金属冶炼及压延加工业	1.194824	0.17537	0.528808	2.319751	0.903885
医药制造业	0.838371	0.056323	0.084098	0.001791	0.030033
非金属矿物制品业	0.501114	0.330934	0.431466	15.04055	0.075508
			2005 年		
造纸及纸制品业	9.395074	0.322941	0.62977	0.008077	0.237219
化学原料及制品制造业	2.221297	0.557154	0.456226	0.172663	0.793869
化学纤维制造业	2.655699	0.240348	0.698016	0.032078	0.103307
纺织业	1.658906	0.06092	0.122008	0.00301	0.038298
黑色金属冶炼及压延加工业	0.88948	0.165943	0.544642	2.872476	1.476025
医药制造业	1.040544	0.047704	0.090417	0.001239	0.022215
非金属矿物制品业	0.577036	0.443685	0.653071	14.95499	0.067213
			2006 年		
造纸及纸制品业	10.16161	0.363731	0.659324	0.014932	0.315763
化学原料及制品制造业	2.295587	0.356018	0.384031	0.162929	0.641175
化学纤维制造业	2.248316	0.164035	0.424047	0.024687	0.017263
纺织业	1.818806	0.055052	0.111688	0.002842	0.020363
黑色金属冶炼及压延加工业	0.911506	0.147035	0.631614	3.570618	1.982982
医药制造业	1.235599	0.048772	0.109892	0.003154	0.019247
非金属矿物制品业	0.51761	0.36894	0.616136	14.40829	0.105419

续表

	工业废水	SO_2	烟尘	粉尘	固体
			2007 年		
造纸及纸制品业	42.42182	1.260131	2.924034	0.071038	0.847209
化学原料及制品制造业	2.376514	0.372621	0.461921	0.262474	1.081647
化学纤维制造业	0.62631	0.046439	0.099896	0.006345	0.013642
纺织业	0.592512	0.013475	0.025821	0.000208	0.00721
黑色金属冶炼及压延加工业	0.584103	0.107376	0.31602	2.327648	0.66721
医药制造业	1.915883	0.064711	0.139356	0.012399	0.063116
非金属矿物制品业	1.216526	0.820413	1.309348	39.35684	0.31165
			2008 年		
造纸及纸制品业	11.12151	0.314919	0.616233	0.062582	0.181666
化学原料及制品制造业	1.955834	0.35383	0.358295	0.144785	0.824526
化学纤维制造业	2.735266	0.16075	0.355024	0.026063	0.044005
纺织业	2.383239	0.057703	0.090582	0.001739	0.023989
黑色金属冶炼及压延加工业	0.717098	0.161243	0.465055	3.498996	0.867864
医药制造业	1.360009	0.036637	0.062046	0.001302	0.038824
非金属矿物制品业	0.374993	0.211099	0.548937	12.83604	0.047444
			2009 年		
造纸及纸制品业	11.65424	0.339077	0.684161	0.010373	0.25802
化学原料及制品制造业	2.005174	0.364213	0.340216	0.169433	0.824363
化学纤维制造业	2.868032	0.268293	0.486742	0.018327	0.074595
纺织业	2.635593	0.05443	0.101431	0.002342	0.024001
黑色金属冶炼及压延加工业	0.750809	0.354402	0.4794	3.704315	0.946279
医药制造业	1.416755	0.062801	0.072784	0.000926	0.034731
非金属矿物制品业	0.321335	0.201261	0.736389	12.61946	0.055872

第二步，用各污染指标权重的平均值乘以工业“三废”治理指标（如表 6.4 所示），即可计算出每年各行业的外生环境规制严度平均值，如表 6.5 所示。

表 6.4　2003～2009 年我国环境敏感性行业的工业“三废”治理指标

	废水达标率	SO_2 去除率	烟尘去除率	粉尘去除率	固废处置率
			2003 年		
造纸及纸制品业	0.858631	0.249138	0.091534	0.204694	1
化学原料及制品制造业	0.90978	0.418272	0.074075	0.172943	0.714286
化学纤维制造业	0.903924	0.18552	0.031311	0.202417	0.8
纺织业	0.93052	0.238837	0.106532	0.266354	1
黑色金属冶炼及压延加工业	0.941783	0.194401	0.078373	0.055158	0.941494
医药制造业	0.919803	0.260897	0.122856	0.193193	0.916667
非金属矿物制品业	0.921536	0.173296	0.288671	0.118683	0.439024
			2004 年		
造纸及纸制品业	0.89885	0.254853	0.904892	0.567071	0.8468
化学原料及制品制造业	0.912704	0.376351	0.92505	0.787696	0.904486
化学纤维制造业	0.927634	0.247181	0.963084	0.848348	0.87547
纺织业	0.949615	0.20416	0.886387	0.903172	0.513374
黑色金属冶炼及压延加工业	0.958558	0.236009	0.933383	0.931133	0.884371
医药制造业	0.948211	0.288681	0.897399	0.798486	0.722978
非金属矿物制品业	0.92979	0.182834	0.732991	0.916064	0.53151
			2005 年		
造纸及纸制品业	0.913339	0.275242	0.902074	0.375702	0.934959
化学原料及制品制造业	0.919983	0.487593	0.921844	0.82314	0.95578
化学纤维制造业	0.936969	0.336397	0.962671	0.948214	0.96
纺织业	0.963584	0.226114	0.903747	0.79529	0.753623
黑色金属冶炼及压延加工业	0.964657	0.233908	0.934588	0.934091	0.961208
医药制造业	0.94789	0.277878	0.886759	0.56396	0.785714
非金属矿物制品业	0.943956	0.218019	0.791519	0.875319	0.298755
			2006 年		
造纸及纸制品业	0.71334956	0.320635	0.924303	0.612903	0.601288
化学原料及制品制造业	0.537281162	0.418665	0.921961	0.827925	0.526869
化学纤维制造业	0.503088249	0.305263	0.957837	0.909091	0.513055

续表

	废水达标率	SO_2 去除率	烟尘去除率	粉尘去除率	固废处置率
			2006 年		
纺织业	0.486549529	0.234848	0.913829	0.647059	0.585455
黑色金属冶炼及压延加工业	0.507153787	0.216159	0.944342	0.952745	0.497785
医药制造业	0.582151057	0.27	0.904051	0.666667	0.575566
非金属矿物制品业	0.254460325	0.203498	0.819362	0.893883	0.478252
			2007 年		
造纸及纸制品业	0.495216687	0.290975	0.929104	0.758125	0.550669
化学原料及制品制造业	0.388892288	0.430942	0.935355	0.901949	0.509091
化学纤维制造业	0.360761209	0.33948	0.961843	0.96763	0.4985
纺织业	0.475008718	0.230371	0.891477	0.64532	0.580087
黑色金属冶炼及压延加工业	0.343174701	0.234432	0.93434	0.957382	0.49391
医药制造业	0.463331714	0.236304	0.876199	0.930822	0.484886
非金属矿物制品业	0.348545867	0.1938	0.808962	0.909397	0.470776
			2008 年		
造纸及纸制品业	0.479209	0.303324	0.925463	0.916565	0.963235
化学原料及制品制造业	0.485122	0.48539	0.940851	0.874651	0.991876
化学纤维制造业	0.491713	0.30714	0.969659	0.976079	1
纺织业	0.486679	0.275547	0.902637	0.70201	0.959184
黑色金属冶炼及压延加工业	0.488089	0.267245	0.957237	0.969046	0.98531
医药制造业	0.488912	0.235179	0.867685	0.743967	0.903226
非金属矿物制品业	0.48419	0.176171	0.877476	0.930692	0.705426
			2009 年		
造纸及纸制品业	0.483266	0.334093	0.408747	0.5502488	0.97392
化学原料及制品制造业	0.487117	0.329357	0.40339	0.5505171	0.994051
化学纤维制造业	0.488349	0.328115	0.401873	0.5505203	0.996164
纺织业	0.491158	0.33865	0.408106	0.5465053	0.97954
黑色金属冶炼及压延加工业	0.492053	0.333061	0.403655	0.547911	0.985334
医药制造业	0.491733	0.352507	0.417544	0.5422287	0.941799
非金属矿物制品业	0.481466	0.405653	0.45727	0.5299083	0.766971

表 6.5 2003—2009 年我国环境敏感性行业的外生环境规制(GER)指数

GER 指数	2003	2004	2005	2006	2007	2008	2009
造纸及纸制品业	1.80	1.96	2.33	1.21	6.64	1.83	1.88
化学原料及制品业	0.59	0.78	0.82	0.37	0.39	0.54	0.59
纺织业	0.28	0.47	0.44	0.22	0.09	0.37	0.40
黑色金属加工业	0.71	1.12	0.95	0.65	0.55	0.87	1.06
医药制造业	0.21	0.25	0.29	0.16	0.37	0.29	0.28
非金属矿物制造业	2.95	3.72	4.36	3.73	11.95	3.99	3.71
平均值	1.09	1.38	1.53	1.06	3.33	1.32	1.32

6.4 环境规制不促进创新下对我国环境敏感性产业出口利益影响的实证分析

6.4.1 回归方程设定和数据来源

1. 模型的设定

在引力模型分析框架基础上，主要基于国家层次，从投入和需求两个角度分析我国环境敏感性产品的出口竞争优势和出口利益，用出口竞争指数代替出口贸易流量，以我国人均 GDP 和政府环境规制作为投入，视两者分别为内生和外生环境规制，以进口国家的人口和人均 GDP 作为需求，对引力模型进行了修正①。由于经济生活中各因素间的关系大多数是几何形式而非算术形式，因此在实证分析中，基本上都采用万有引力模型的对数形式，因为对数形式使模型线性化，还避免数据残差的非正态分布和异方差现象。

同时，由于环境规制对出口竞争力的双重效应使得结果不确定，引入含有

① 最初选择进口国家人口规模、我国人均 GDP、进口国家 GDP、我国和主要进口国家地理距离、我国国土面积、主要进口国家国土面积、我国外生环境规制指数 GER 共 7 个解释变量，在采用软件 Eviews 6.0 估计面板数据时，由于控制变量个数太多而时间窗口不够宽损耗过多的自由度，从而出现奇异矩阵，为此，需要减少自变量个数，最终选取 4 个自变量。

内生和外生环境规制变量二次项，同样建立变截距面板数据模型①，并以小写字母表示对数形式：

$$tc_{it} = \bar{\alpha} + \alpha_i^* + \beta_1 pop_{it} + \beta_2 gdp_{it} + \beta_3 pcgdp_t + \beta_4 ger_t + \beta_5 pcgdp_t^2 + \beta_6 ger_t^2 + \mu_{it} \tag{6.2}$$

方程(6.2)中，tc_{it} 为我国环境敏感性产品出口竞争力指数，POP_{it} 为进口国家人口，gdp_{it} 为进口国家 GDP，ger_t(Environmental Regulation)为我国外生环境规制，$pcgdp_t$ 为我国人均 GDP 代表内生环境规制②。$\bar{\alpha}$ 表示均值截距项，其在各个截面成员方程中都是相同的；α_i^* 表示截面个体截距项，其在各截面成员方程中是不同的，表示截面成员对均值的偏离，解释变量系数 $\beta_i(i=1,\cdots,6)$ 在不同的截面个体上是相同的；且假定随机误差项 μ_{it} 之间相互独立，满足均值为 0，同方差的假设。对于变截距模型，根据个体影响的不同，又分为固定效应模型(FEM)和随机效应模型(REM)。由于截面个数 $N(N=7)$ 不小于样本时期观测数目 $T(T=7)$，并且本文样本中的个体和截面成员并不是随机抽取的③，所以上述两模型均选择固定效应模型(FEM)是合适的。

2. 数据来源和说明

根据数据的可获得性，选取年份区间为 2003～2009 年。我国 6 类环境污染型产品双边进出口贸易额，来源于联合国贸易统计数据库，2003～2006 年数据按照 SITC Rev. 3 中的行业分类查询整理而得，2007～2009 年数据按照 SITC Rev. 4 中的行业分类查询整理而得，并据此计算整理出出口竞争指数。7 个进口国家人口规模和国民收入从佩恩表 7.0(Penn World Table 7.0)查询整理而得。我国 6 个环境敏感性行业的外生环境规制，即人均 GDP 数据，是从历年《中国统计年鉴》查询整理计算而得，其外生环境规制(GER)指数根据本书第 6 章 6.3 中阐述的测度方法，其中各变量数据来源于历年《中国统计年鉴》，经过整理计算而得，如表 6.6 所示。

---

① 使用协方差分析检验选择变截距模型、混合回归模型还是变系数模型，主要看回归残差平方和 S 的大小，对本文样本数据检验结果，我们选择了变截距模型。

② 根据 Xu(2000)和 Dasgupta 等(2001)研究发现，一国环境规制程度和国民收入高度相关。而且，Antweiler 等(2001)在 ACT 模型中视环境规制是由收入和相对价格内生决定的。同时，笔者根据数据整理发现，两者变化趋势基本相同。据此，选择我国人均 GDP 视为内生环境规制(PCGDP)。

③ 截面成员主要选取近年来我国排名靠前的进口贸易伙伴(国家或地区)：美国、香港、日本、韩国、印度、澳大利亚和俄罗斯；污染行业主要选取近年来制造业中污染排放量排名靠前的 6 个行业。

表 6.6 污染密集型行业总体的出口利益影响因素的估计结果

变量	系数	标准误差	T统计量	概率
C	−74.80713	22.01934	−3.397337	0.0017
pop_{it}	2.067988	1.025040	2.017470	0.0511
gdp_{it}	1.340114	0.271897	4.928752	0.0000
ger	0.300361	0.203096	1.478914	0.1479
ger^2	−0.065930	0.044513	−1.481121	0.1473
pcgdp	7.799610	4.024933	1.937824	0.0605
$pcgdp^2$	−0.400036	0.205737	−1.944401	0.0597
固定效应(横截面)				
_USA−−C	−3.361315			
_HK−−C	4.893188			
_JPN−−C	−1.850639			
_KOR−−C	0.764406			
_IND−−C	−2.414693			
_AUS−−C	2.419794			
_RUS−−C	−0.450741			
效应设定				
横截面固定效应(虚拟变量)				
R-squared	0.938058	Mean dependent var	0.294694	
Adjusted R-squared	0.917411	S. D. dependent var	0.326746	
S. E. of regression	0.093901	Akaike info criterion	−1.670835	
Sum squared resid	0.317428	Schwarz criterion	−1.168924	
Log likelihood	53.93546	Hannan-Quinn criter.	−1.480411	
F-statistic	45.43258	Durbin-Watson stat	1.350971	
Prob(F-statistic)	0.000000			

6.4.2 实证检验和结果分析

用软件 Eviews 6.0 对固定效应变截距模型进行估计,即假定在个体成员上存在个体影响而结构系数无变化,表现在方程模型中就是截面个体成员上截距项不同,而解释变量系数相同。

首先，从 6 个污染密集行业总体情况来看，所有变量均通过不同水平下的显著性检验。估计结果见表 6.7。其中，进口国人口规模和 GDP、我国内生和外生环境规制一次项，呈显著性正相关；而对内生和外生环境规制二次项，则呈显著性负相关。这表明进口国人口规模越大，GDP 越大，同时，我国加强内生和外生环境管制，则会提高污染密集型产品出口竞争力和出口利益；而内生和外生环境规制对于出口竞争力和出口利益的影响呈倒 U 形，即先出口竞争力和出口利益随着环境规制更加苛刻而提高，到达一定时候，则随着环境规制加强而下降。

其次，为准确而全面地考察各解释变量对于环境敏感性产品出口竞争力的影响，需要对不同类型的环境敏感性行业分别进行估计。估计结果见表 6.7。

表 6.7 分不同类型环境敏感性行业出口利益影响因素的估计结果

变量系数	1	2	3	4	5	6
C	−96.45054** (−1.793375)	−144.6999 (−0.564599)	−16.98341 (−1.286474)	−194.7331*** (−2.81868)	30.35902 (0.661957)	−9.021726 (−0.425050)
pop_{it}	3.432973** (1.938069)	6.008615** (1.905589)	−0.188982 (−0.325760)	4.522021 (1.410869)	−1.399317 (−0.718850)	0.149479 (0.215845)
gdp_{it}	2.038671*** (4.350055)	1.118620* (1.330990)	−0.065736 (−0.426214)	2.775165*** (3.243597)	1.177655** (2.282258)	0.929587*** (5.068316)
ger	0.029705 (0.311310)	−2.407017 (−0.219890)	0.244016 (0.670184)	0.531857 (0.215867)	4.592090 (1.295821)	0.007126 (0.094727)
ger^2	−0.005632 (−0.357812)	2.683219 (0.293333)	−0.420393 (−0.681224)	−0.470481 (−0.323720)	−7.472432 (−1.107387)	−0.000740 (−0.15794)
pcgdp	7.458854 (0.716047)	13.13078 (0.253725)	4.007986** (1.639088)	23.78977** (1.896433)	−5.073320 (−0.597262)	−0.240001 (−0.057636)
$pcgdp^2$	−0.372597 (−0.696664)	−0.656801 (−0.246139)	−0.196918* (−1.573216)	−1.221187** (−1.901971)	0.242762 (0.558083)	0.010265 (0.048288)
R^2	0.927799	0.821897	0.989003	0.804551	0.804551	0.980649
F 值	38.55093	13.84414	269.8002	12.34928	12.34928	152.0277

注：① 表中各行业代号：1—造纸及制品业，2—化学原料及制品业，3—纺织业，4—黑色金属冶炼和压延加工业，5—医药制造业，6—非金属矿物制品业。

② 先将 6 个行业的情况分别进行固定效应变截距估计，然后将所有估计结果整理在表 4 中。

③ 括号内为各变量系数对应的 t 统计值；***、**、* 分别表示在 1%、5%、10% 水平下显著。

从表 6.7 可以看到，除了“造纸及制品业”和“化学原料及制品业”外，总体上来看，进口国家人口显著性没通过，说明进口国人口基本上不能影响我国环境敏感性产品的出口竞争力。但是可能由于两类行业提供的是非耐用的生产和生活必需品，因此人口数量越大，需求量当然就越大，在国内生产不能满足的情况下，自然需要进口来满足，所以呈显著正相关。

进口国家的人均国民收入基本上都通过显著检验，且呈正相关关系。这再次说明一国的消费需求的内生力是本国较高的经济发展水平；经济发展水平越高，国民可支配收入就可能越多，潜在的消费需求就越多，这些生产和生活的消费需求无外乎通过国内生产和国外出口两个途径来满足。

对于外生环境规制一次项，未通过显著性检验，说明目前我国外生环境规制对我国环境敏感性产品的出口竞争力影响甚微。尽管该变量系数不显著，但是，我们仍可以发现，其对不同行业的影响方向存在区别，除了“化学原料及制品业”为负效应外，其余的均为正效应。主要原因可能是，目前，作为技术密集型行业，我国化学制品业技术水平还不能和发达国家相比，出口竞争力还不高，2003～2009年，我国出口到美国、日本、韩国和俄罗斯出口竞争指数均小于0。而对于造纸和纺织、黑色金属和非金属矿物产品，外生环境规制越严苛，出口竞争力则越大，这表明我国劳动密集型行业和资源密集型行业在国际市场上依旧具有较强的出口竞争力，从而可以获得较大的出口利益。

对于外生环境规制二次项，未通过显著性检验，表明影响不大。但是，可以发现，除了对化学制品业的出口竞争力影响呈U形外，对其余环境敏感性产品的出口竞争力呈倒U形。这说明政府加强环境规制可以促进污染企业不很显著的提升出口竞争力，但是，一段时间后，出口竞争力则会不显著地下降。这一结论与傅京燕(2010)的研究结论相反。主要原因可能是因为两个研究选取的污染密集性行业不同导致的。

除了医药和非金属矿物产品外，内生环境规制一次项和二次项均未通过显著性检验，这表明我国人均GDP对于主要环境敏感性产品的出口贸易额及其出口竞争力影响甚微。但是，可以发现，其对环境敏感性产品的出口竞争力和出口利益的影响也是呈倒U形。

可见，尽管外生环境规制和内生环境规制对环境敏感性行业竞争力的影响机制从理论上讲应该是相同的，但结果发现，模型中内生和外生环境规制对污染密集产品出口竞争力的影响迥然不同。原因可能是环境规制对污染密集行业出口竞争力的影响依赖于增加成本和技术创新两者的合力之外，更重要的原因在于环境规制的内生力量和其外在表现不能完全匹配，即说，即使内生力量强大，但是政府环境政策和措施没有到位，反之亦然；此外，不同的原因还依赖于政府在具体实施环境规制时是否落实相应配套措施，是否对基础性资源行业进行环境补贴，以及企业是否按规制执行等因素，而且出口竞争优势还受到国际环境的影响，如国际市场行情、外国的环境规制壁垒等诸多因素。

就所选的6个行业总体来看，除了极少数行业之外，内生和外生环境规制对我国污染密集型产品的出口竞争力和出口利益的影响均呈倒U形，即起初出口竞争力和出口利益随着环境规制更加苛刻而提高，到达拐点后，则随着环境规制加强而下降。

对于外生环境规制，这一结论与傅京燕(2010)的相反，除了两个研究所选样本、时间等不同之外，笔者以为更为关键的是与目前我国实行的环境规制的方法和工具有关。目前，我国在环境规制中主要运用命令与控制政策为主，市场机制政策为辅。诚然，命令与控制政策可以快速地控制各类污染排放，但缺乏效率，且不利于技术创新；市场机制政策具有灵活性和激励性等优点，但具有末端治理和较高的实施成本等缺点；而且，两种环境规制工具都易出现如不管就反弹的机会主义，这是倒U形出现的主要原因。因此，我国环境规制的发展方向应该是具有较低的实施成本，并能充分调动公众、企业参与环境治理的以信息手段和公众参与为特点的环境规制。

根据表6.5结果，可以计算出外生环境规制拐点为2.14，2009年我国外生环境规制指数GER平均水平为1.32，2003～2009年GER指数平均水平分别为1.09、1.38、1.53、1.06、3.33、1.32、1.32，表明目前我国还处在该拐点左边，政府采用命令与控制政策为主和以市场机制政策为辅的环境规制，对于降低各类制造业污染排放，符合国外环境保护要求，从而提高出口竞争力和出口利益。在此，我们并没有发现实施环境规制就一定给企业增加成本，从而降低出口竞争力和出口利益。这也可能是由于环境规制成本占总成本比例很小(Jaffe等，1995)的缘故，当然还有可能是因为此阶段情况恰好印证了波特假说。

对于内生环境规制，根据环境库兹涅兹倒U形曲线可知，一国人均GDP水平处于越高阶段，则越重视环境质量的改善。同时表明，在人均收入水平较低阶段，只关注经济发展，忽视环境保护，污染密集型产品出口价格中根本不含有环境成本，产品出口竞争力提高，到达拐点之后，人均GDP较高，国家重视环境管理，诸如环境成本内化等，从而可能降低产品出口竞争力；这解释了目前我国人均GDP与其环境敏感性产品出口竞争力的关系为什么呈倒U形。内生环境规制拐点为17 136.9元，而从2007年后，我国人均GDP已超过20 000元，2009年达25 511.1元。据此，我国目前已在内生环境拐点的右边，表明随着我国人均GDP水平的提高，我国环境敏感性产品出口竞争力正在不断降低。这就需要改变倒U形为S形，即在我国经济发展水平不断提高的情况下，既要加强环境管理，同时，又要不断提高环境敏感性产品的出口竞争力。这就需要政府实施环境规制时，一方面，可以借鉴美国的做法，引入成本—收益法，以收益超过成本及社会净福利最大化为评价标准，分析环境规制对就业、经济增长、出口、环境和生产效率等的总影响；另一方面，加强环境规制，既要改善环境质量，又要提高生产效率提高其出口竞争力和出口利益，必须有效整合环境规制政策和科技创新政策。环境规制要推动科技创新，科技创新在提高生产率的同时要促进环境保护。

随着经济社会的快速发展，我国已成为世界造纸大国。2000 年到 2009 年，我国造纸业年产量从 3 050 万吨提升到 8 640 万吨，增长了近两倍，造纸业生产总值为 4 660 亿元，占我国工业总产值的 1.39%，造纸业成为我国国民经济重要的支柱产业。但同时，造纸业也是我国生态环境和节能减排的重要行业，必须形成节约能源、资源和保护生态环境的产业结构、增长方式和消费模式，走具有中国特色的新型造纸和低碳绿色造纸之路。从 2010 年开始，我国造纸业经历了结构调整、节能减排和淘汰落后产能的变革，同时还受到商品纸浆、废纸及能源、化工等原材料价格上涨的困扰，受扩大内需、增加投资和产品出口配套等因素的影响，但我国造纸业仍保持了平稳较快的发展。这其中的一个重要原因是我国林业发展给造纸业带来了勃勃生机。没有林业的发展，就不会有造纸业的快速发展。虽然我国森林资源总量位于世界前列，但我国人均占有森林面积相当于世界人均占有量的 21.3%，人均森林蓄积量只有世界人均蓄积量的1/8。我们必须认识到，要发展我国的造纸业，必须注重对森林资源的保护开发，在不断提高非木材纤维和再生纤维化学制浆技术的基础上，进一步推进林浆纸一体化工程；加快造纸工业原料林基地的建设，逐步提高我国造纸原料中的木浆比重；扩大废纸回收利用，科学合理地利用木浆原料与非木纤维原料；大力发展人工林，走林浆纸一体化道路，鼓励造纸企业积极营造人工速生丰产林并大力推进人工林造林基地建设，加大节约资源力度，坚持节能降耗，调整产业结构，推动造纸企业向绿色造纸迈进①，从而增加我国纸产品的出口贸易利益。

① 陈晓莉. 林业是我国造纸发展的基石[EB/OL]. [2001-10-2]. http://www.greentimes.com/green/econo/linjiangzhi/cyzx/content/2011－10/27/content_153081.htm.

第7章　环境规制促进创新下对我国环境敏感性行业出口利益影响的实证研究

本章基于出口收入指数法，测度分析了我国4类环境敏感性行业出口贸易利益；并在环境规制促进技术创新的前提下，运用计量模型实证分析了我国4类环境敏感性行业出口利益的影响因素及其影响机制。同时，采用了协整检验和格兰杰因果检验，实证分析了我国造纸业的国际竞争力、环境规制和技术创新之间的关系。

7.1　出口收入指数

出口收入指数即指劳动生产率，Lall等(2006)、Hausmann等(2005)、樊纲等(2005)和杜修立及王维国(2007)等学者，通过用与出口有关的权重对各国人均收入加权求和的方法，来衡量劳动生产率或出口收入指标，从而间接测度出口某产业或产品的贸易利益。一国某类产品的出口利益不仅与所选择的权重有关，还与该国考察期的人均国民收入关系密切。不同方法表示的权重有着自己的特点。Lall等(2006)采用一国各类产品出口占世界同类产品总出口的份额为权重，该方法简单明了，但是未能考虑国家规模对出口的影响；为弥补这一缺陷，Hausmann等(2005)、樊纲等(2005)采用一国各类产品的显示性比较优势指数占世界各国同类产品显示性比较优势指数之和的份额为权重；杜修立和王维国(2007)采用一国各类产品产出占世界同类产品总产出的份额为权重，但囿于数据获取的限制，修正为各类产品出口占世界同类产品总出口的份额与该国出口依存度之比为权重，该方法有一定的合理性，但由于其暗含假定每类产品出口倾向相同且均等于本国出口依存度，显然是不合理的[①]。

本章基于 Lall 等(2006)、Hausmann 等(2005)和樊纲等(2005)提出的，采用一国各类产品的显示性比较优势指数占世界各国同类产品显示性比较优势指数之和的份额为权重测算出口收入(劳动生产率)指数的方法，测度 2001～2010 年我国环境敏感性产业的出口利益，计算过程和公式如下：

$$XI_{\mathrm{k}} = \frac{X_{\mathrm{k}}}{X_{\mathrm{w}}} \cdot Y_{\mathrm{k}} \tag{7.1}$$

$$RCA_{\mathrm{ki}} = \frac{x_{\mathrm{ki}} / \sum_{i} x_{\mathrm{ki}}}{\sum_{k} x_{\mathrm{ki}} / \sum_{i} \sum_{k} x_{\mathrm{ki}}} = \frac{x_{\mathrm{ki}} / X_{\mathrm{k}}}{X_{\mathrm{wi}} / X_{\mathrm{w}}} \tag{7.2}$$

$$r_{\mathrm{ki}} = \frac{RCA_{\mathrm{ki}}}{\sum_{k} RCA_{\mathrm{ki}}} = \frac{x_{\mathrm{ki}} / X_{\mathrm{k}}}{\sum_{k} (x_{\mathrm{ki}} / X_{\mathrm{k}})} \tag{7.3}$$

$$XI_{\mathrm{ki}} = r_{\mathrm{ki}} \cdot Y_{\mathrm{k}} \tag{7.4}$$

$$XI_{\mathrm{ks}} = \sum_{i \in S} (r_{\mathrm{ki}} \cdot Y_{\mathrm{k}}) \tag{7.5}$$

其中，XI_{k} 表示国家 k 的出口收入指数，X_{k} 表示国家 k 的出口总额，X_{w} 表示世界出口总额，Y_{k} 表示国家 k 的人均国内生产总值，RCA_{ki}表示国家 k 产品/产业 i 的显示比较优势指数，x_{ki}表示国家 k 产品/产业 i 的出口额，X_{wi}表示世界产品/产业 i 的出口总额，XI_{ki} 表示表示国家 k 产品/产业 i 的出口收入指数，XI_{ks}表示国家 k 的 S 大类产品/行业出口收入指数，S 表示产品/产业 i 包含的更细分的产品集合，r_{ki}表示国家 k 产品/产业 i 显示比较优势指数占世界各国同类产品/行业显性比较优势指数之和的份额。

可见，一国出口利益不仅与显性比较优势指数的权重有关，还与该国考察期的人均国民收入关系密切，即高收入国家的显性比较优势指数越高，则该国或该国某类产品/行业的劳动生产率水平越高，也反映了其出口利益越大。

7.2 我国 4 类环境敏感性产业出口利益的测度

基于上节中测算出口收入(劳动生产率)指数的公式，测度并分析 2001～

① 文东伟. 中国制造业出口的技术复杂度及其跨国比较研究[J]. 世界经济研究，2011，(06)：39-45.

2010 年我国四类环境敏感性产业[①]的出口利益。

根据公式(7.1)，首先测算出我国 2001～2010 年出口总利益，并与 2010 年世界排名前 10 位出口国家情况进行比较。如图 7.1 所示。

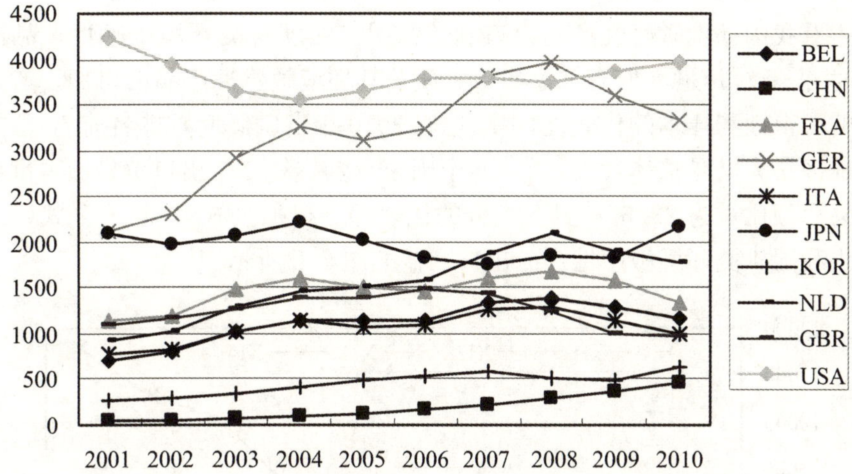

图 7.1　我国总出口利益及其国际比较(单位：美元)

数据来源：作者根据 WTO 统计数据库，世界银行统计数据库整理。下同。

2010 年世界货物出口排名前 10 位是中国、美国、德国、日本、荷兰、法国、韩国、意大利、俄罗斯联邦和比利时，但同期出口贸易利益前 10 位排名则为美国、德国、日本、荷兰、法国、比利时、意大利、英国、韩国和中国。图 7.1 表明，美国、德国、日本、荷兰、法国等国出口利益与其出口规模呈正向相关，即出口规模越大，出口利益越大。

再来看我国得自出口贸易的利益情况。总体上，我国出口贸易利益增长较快，与其他国家出口利益差距在不断缩小，但与其他 OECD 国家相比，仍有着不小的距离。2001～2010 年我国出口总利益呈增长趋势，2001 年我国出口总利益为 44.79 美元，2010 年则增加为 458.53 美元，年平均增长率为 29.49%。以美国为例，其出口总利益呈缓慢下降趋势，但是，出口贸易绝对利益一直遥遥领先，2001 年和 2010 年该值分别为 4227.63 美元和 3959.62 美元，分别是同期中国出口贸易利益的 94 倍和 9 倍。

但是，中国出口贸易利益地位与其出口规模排名完全不相称。2001 年中国出口贸易额为 2660.98 亿美元，2010 年达到 15778.24 亿美元，年平均增长率

① 囿于世界银行中造纸业及其制品相关数据的不可获得性，我们未能分析环境规制对其出口贸易利益的直接影响，而是单独在本章 7.4 中，通过分析了环境规制对我国造纸业及其制品国际竞争力的影响，间接考察了环境规制对其出口利益的影响。

达到 21.87%。2001 年到 2010 年，中国出口额占世界出口总额的比重从 4.30%增加到 10.36%，中国在世界出口排名从 2001 年的第 6 位上升到 2010 年的第 1 位。但是，中国出口贸易利益排名一直都居于第 10 位。因此，尽管中国是出口大国，但不是出口强国，中国从出口中获取的贸易利益很少。

再看我国环境敏感性产品出口利益情况。测度各类环境敏感性产品出口利益时，需要统计世界所有国家出口总额及其环境敏感性产品出口额。考虑到数据的可得性和样本的代表性，本章选取 2010 年出口额世界排名前 50 位的国家或地区作为世界整体代表①，该 50 个国家/地区 2010 年出口贸易额占世界出口贸易总额比重为 92.6%，具有充分的代表性。根据公式(7.2)～公式(7.4)，计算出我国 4 类环境敏感性产品出口利益如图 7.2 所示。

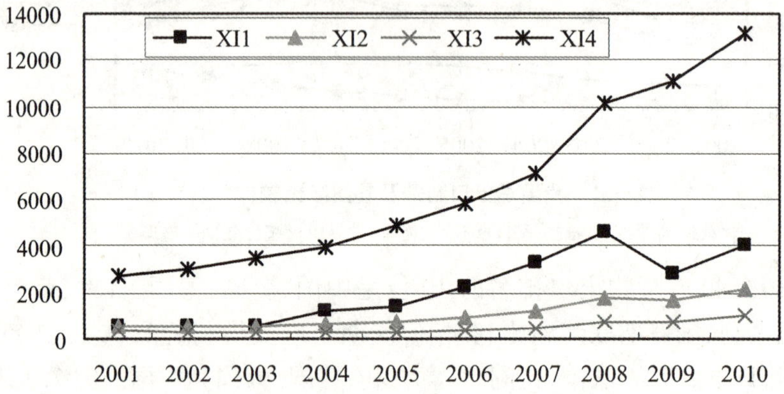

图 7.2　我国环境敏感性产品出口利益(单位:美元)②

图 7.2 表明，总体上来看，我国 4 类环境敏感性产品出口利益均呈增加态势。其中，纺织品增长最快，从 2001 年的 2766.42 美元增加到 2010 年的 13119.1 美元，10 年间增加了 6 倍多；药品增加最少，仅 2 倍左右。纺织品行业出口利益最大，其次是钢铁制品，最后两位是化学品和药品，这表明当前我国仍旧依靠劳动密集型和资源密集型两大行业的出口来获取贸易利益，而资本和技术密集型产品的出口不能为我国带来较多的贸易利益。

---

① 50个国家/地区分别是：中国、美国、德国、日本、荷兰、法国、韩国、意大利、比利时、英国、中国香港、俄罗斯、加拿大、新加坡、墨西哥、中国台湾、沙特阿拉伯、西班牙、阿联酋、印度、澳大利亚、巴西、马来西亚、瑞士、泰国、瑞典、印度尼西亚、波兰、奥地利、捷克、挪威、爱尔兰、土耳其、伊朗、丹麦、匈牙利、尼日利亚、南非、越南、智利、芬兰、阿根廷、科威特、斯洛伐克、卡塔尔、哈萨克斯坦、以色列、阿尔及利亚、安哥拉、伊拉克。WTO 统计数据库未提供安哥拉这几大类产品出口数据，世界银行统计数据库也未有中国台湾的人均 GDP 数据，所以实际样本为 48 国/地区。WTO 统计数据库中伊拉克只有化学品和纺织品出口数据。

通常来说，产品国际竞争力越大，其出口贸易利益也越多；反之，出口某产品获取的利益越多，其国际竞争力也应该越大。换言之，若二者之间具有这种对应关系，那么影响二者的因素及其影响机制就应该大同小异。之前笔者曾经在引力模型框架基础上，实证分析了内生和外生环境规制对我国环境敏感性行业国际竞争力的影响，结果表明，内生和外生环境规制对我国环境敏感性产业出口竞争力的影响均呈倒U型。

下面我们用同时考虑进口和出口因素的能最真实反映国际竞争力状况的竞争优势指数，来考察证环境敏感性行业的出口利益与其国际竞争力之间的关系。我国环境敏感性产业竞争优势指数如图7.3所示。纺织品的竞争优势指数在(0.6,1)，表明具有极强的竞争优势；化学品的竞争优势指数在(－1，－0.3)，表明具有较大到极大的竞争劣势；药品的竞争优势指数在(0,0.3)，表明具有微弱竞争优势；钢铁的竞争优势指数波动最大，从2001年具有极大的竞争劣势到2006年开始具有微弱的竞争优势，再到2008年具有较强的竞争优势。环境敏感性行业的国际竞争力与其出口利益有着一定的对应关系，纺织品的出口利益与其国际竞争力均排在第一，钢铁制品的两个变量之间也基本具有这种关系，但是，药品和化学制品的国际竞争力和出口利益则呈现完全相反的关系，药品的国际竞争力比化学制品的大，但是反而是化学制品的出口利益比药品的要多。

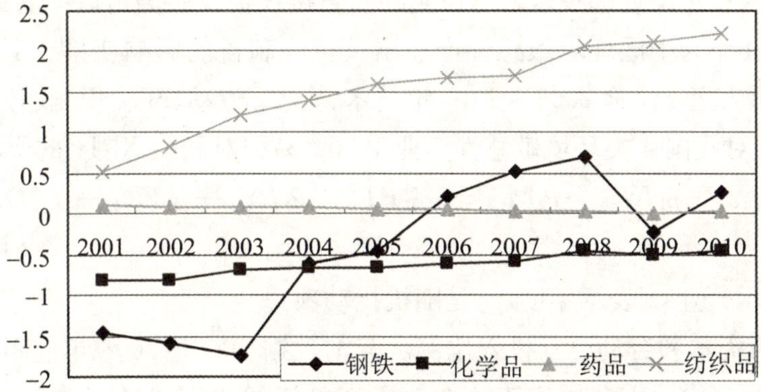

图7.3　我国环境敏感性产业竞争优势指数

可见，环境敏感性产品出口利益与其国际竞争力有着不同的影响因素及影响机制，接下来主要探讨我国环境敏感性产业出口利益的影响因素及影响机制，并在此基础上提出相应的对策。

7.3 环境规制、技术创新与我国4类环境敏感性产业出口利益的实证研究

7.3.1 模型的设定与各变量的说明

出口收入指数方法的产生的理论基础是比较优势理论，即一国/地区出口的应是劳动生产率较高的产品；换言之，出口某类产品的国家/地区的收入水平越高，则该出口产品的技术水平越高。因此，技术水平是影响一国出口贸易利益的主要因素，技术水平的高低与其科技活动经费的投入密切相关；资本和劳动作为比较优势产生的基础也是影响出口贸易利益的重要因素[①]。基于环境敏感性产业"高污染排放"的显著特征，环境库兹涅兹曲线表明，经济发展到一定阶段的国家必定会实施环境规制抑制高污染排放；内生环境规制和外生环境规制均会对环境敏感性产业的出口利益产生影响。环境敏感性产业的"高污染处理"特征则意味着出口国会采取一定水平的技术来处理污染，这种技术包括了生产技术和污染处理技术。考虑到外商直接投资在中国出口中的重要作用，我们亦将其作为中国环境敏感性产业出口贸易利益的影响变量。下面构建面板数据计量模型，检验2003～2010年技术、资本、劳动、环境规制、外商直接投资等变量，对我国4类环境敏感性产业出口贸易相对利益XRI[②]的影响机制。

$$XRI_{it} = \alpha_i + \beta_1 KL_{it} + \beta_2 MT_{it} + \beta_3 PT_{it} + \beta_4 PY_{it} + \beta_5 ER_{it} + \beta_6 FDI_{it} + \mu_{it} \tag{7.6}$$

其中，i 表示行业，t 表示年度，μ_{it} 是随机扰动项。

KL 为资本和劳动要素投入比例。资本数据2003～2006年使用按行业分全部国有及规模以上非国有工业企业资产总值，2007～2010年使用按行业分规模以上工业企业资产总值(亿元)。劳动数据使用按行业分全部国有及规模以上非国有工业企业全部从业人员年平均人数(万人)。

① 高敬峰.中国出口贸易利益测算与行业差异分析：基于出口收入指数的方法[J].经济评论，2011(04)：124-132.

② 由于根据出口收入指数计算出来的出口贸易的绝对利益是以现行美元计价的，为剔除价格变化的影响而更准确分析影响我国环境敏感性产业出口利益的因素，我们用出口贸易相对利益作为因变量。

MT 为生产技术水平，PT 为污染处理技术水平。Grossman 和 Krueger (1991)、Ekins(1997)和 Levinson(2009)用各部门结构及其技术水平描述了技术水平 T_i 对污染排放的影响，李斌(2011)在此基础上进一步将技术水平 T_i 区分生产技术和污染治理技术①：

$$T_i = \frac{P_i}{V_i} = \frac{\overline{P}_i}{V_i} \times \frac{P_i}{\overline{P}_i} = MT_i \times PT_i \tag{7.7}$$

其中，P_i 表示部门 i 的在生产过程中的最终污染排放量，$\overline{P}_i$ 表示部门 i 在生产过程中的总污染量，即经减排技术处理之前的排放量，V_i 表示部门 i 的总产值。因此，第一个因子即 MT 表示单位产值的污染排放总量②，衡量了生产技术水平，该数值越小，则生产技术越先进，技术创新水平越高；第二个因子 PT 表示单位污染量的最终污染排放量，衡量了污染治理技术，该值越小，则污染治理技术越先进，清洁技术创新水平高。

PY 为人均 GDP 指数，代表内生环境规制。Xu(2000)和 Dasgupta 等(2001)研究发现，一国环境规制严度与国民收入高度相关；而且 Antweiler 等(2001)在 ACT 模型中视环境规制是由收入和相对价格内生决定的；同时，笔者整理数据发现，两者变化趋势基本相同。故此，我们视人均 GDP 为内生环境规制。

ER 为外生环境规制。国内外对该指标运用了不同方法进行了测度。我们基于环境敏感性行业的各类污染治理情况，选取工业“三废”治理指标③，采用综合指数方法来测度 2003～2010 年我国外生环境规制严度，见表 7.1。

表 7.1　2003～2010 年我国环境敏感性行业的外生环境规制(GER)指数

GER 指数	2003	2004	2005	2006	2007	2008	2009	2010
化学原料及制品业	0.59	0.78	0.82	0.37	0.39	0.54	0.59	0.52
纺织业	0.28	0.47	0.44	0.22	0.09	0.37	0.40	0.34
黑色金属加工业	0.71	1.12	0.95	0.65	0.55	0.87	1.06	1.20
医药制造业	0.21	0.25	0.29	0.16	0.37	0.29	0.28	0.23
平均值	0.45	0.66	0.63	0.35	0.35	0.52	0.58	0.57

注：上述各原始数据来源于各年度《中国统计年鉴》和《中国环境统计年鉴》。

① 李斌，赵新华. 经济结构、技术进步与环境污染：基于中国工业行业数据的分析[J]. 财经研究，2011，37(04)：112-122.

② 污染排放总量采用工业污染最终排放量与去除量之和来表示。

③ “三废”治理指标包括废水排放达标率、SO_2 去除率、烟尘去除率、粉尘去除率、固体废物处置率。

FDI 为外资比重指标。用按行业分“三资”工业企业总产值占全国所有工业企业工业总产值的比重表示。“三资”企业指港澳台商投资企业和外资企业。

7.3.2 实证结果与分析

用软件 Eviews 6.0 对上述模型进行估计。因为随机效应面板模型需要横截面个数大于变量个数，所以采用固定效应模型。同时，为分析不同敏感性行业产品出口利益的影响因素及其影响机制，采用了反映结构参数随着横截面个体的变化而变化的固定效应的变系数模型，并对原 POOL 方程增加了加权项(cross-section weights)后，用广义最小二乘法估计(GLS)模型，回归结果如表 7.2 所示。

表 7.2 固定效应变系数模型回归结果

	钢铁	化学	制药	纺织
C	−8.361696	−0.877296	−3.562960	12.80195
KL	−1.161487 (−2.104960)	−0.003557＊＊＊ (−5.926489)	0.216425＊＊ (4.571916)	−0.002472 (−1.994359)
MT	0.020718 (1.440484)	−0.000922＊＊＊ (−55.73341)	−0.001805 (−1.132136)	−0.214701＊＊＊ (−9.606970)
PT	1.975447＊＊ (3.776322)	0.199726＊＊＊ (87.13933)	0.555787＊ (2.630102)	2.918259＊＊ (3.708399)
PY	7.219790＊＊ (3.391754)	0.643488＊＊＊ (40.73215)	2.812247＊ (2.152105)	−10.44163＊＊ (−3.961379)
ER	0.580345＊＊ (2.914028)	0.077396＊＊＊ (55.64123)	0.108232 (0.692210)	−0.818855＊ (−2.169477)
FDI	36.94730＊＊ (3.616734)	9.622199＊＊＊ (133.7055)	27.43356＊＊ (3.818314)	63.35950＊＊ (4.146119)
R^2	0.999966		F值	4344.900

注：＊＊＊、＊＊、＊分别表示在1%、5%和10%水平下显著；括号内为各变量系数对应的 t 统计值。

表 7.2 所示，对我国 4 个环境敏感性行业影响最大的因素是外资比重 *FDI*，其对于我国环境敏感性产品出口利益的影响均通过了显著性检验，且呈正相关。这反映了外资进入促进了我国环境敏感行业技术水平的提高和贸易利益的显著增加。伴随着全球产业梯度转移的浪潮，外资首选转出的是污染密集型行业。因此，引进外商投资企业时，一定要注意当地环境和经济的协调发

展。在此前提下，外资进入东道国会产生技术水平溢出效应和垂直溢出效应，前者指通过示范效应、竞争效应和人员流动效应等产生的溢出效应，后者指通过供应链而产生的垂直溢出效应（高敬峰，2011）。不过，外资对我国制造业不同行业产生的技术溢出效应存在一定程度的差异（许和连等，2007），在 4 类环境敏感性行业中，对化学行业的出口利益影响最大。而对于其他影响因素来说，不同行业呈现出不同的特点。

除了制药业的资本劳动要素投入比例 *KL* 与其出口利益正相关之外，其余三个环境敏感性行业的 *KL* 与其出口利益均呈负相关。这主要是因为制药业作为资本、技术密集型行业，而钢铁、纺织作为资源、劳动密集型行业，因此前者的 *KL* 越高，其出口利益则越大，而后二者的 *KL* 越低，即劳动、资源要素比例越高，则出口利益越大。这符合经济理论上的预期以及之前的研究结果。而同样作为技术密集型的化学行业，由于目前我国化学制品业的技术水平还不高，因此加大资本投入不会带来其劳动生产率的提升，从而不能显著提升其出口收入。同时，4 种环境敏感性行业的不同的要素密集度也决定了钢铁、纺织的 *KL* 未通过显著性检验，而化学和制药的 *KL* 则通过了显著性检验。

钢铁的生产技术水平 *MT* 与其出口利益呈正相关，而化学、制药和纺织品的 *MT* 与各自产品出口利益呈负相关。前者表明我国钢铁行业的较高技术水平可以促进其产品出口利益的提升；作为资源密集型的钢铁行业对于技术创新是很敏感的。同时，较高技术水平意味着较高劳动生产率，根据传统比较优势原理，显然依据出口收入指数计算出来的出口利益会较多。后者则意味着上述三种行业的生产技术水平越高，其出口利益反而越低；根据弗农的产品生命周期理论，知识和资金密集型行业出口利益对于技术创新缺乏弹性，即加大投入进行技术创新或者提升技术水平，会导致生产和出口成本增加幅度普遍会大于其出口利益的增加幅度，同时，作为劳动密集型的纺织品行业还面临着我国劳动力成本上升的困境，因此，才会出现生产技术水平高出口利益反而小的现象。

污染处理技术水平 *PT* 对我国 4 个环境敏感性产品出口利益的影响均通过显著检验，并均呈正相关。这充分肯定了企业需要重视资源和环境保护，并加大投入资金开发污染处理技术和引进污染处理设备的力度。短期来看，企业加大投入开发和引进污染处理技术会增加生产和出口成本，但长期来看，采用清洁技术带来国际竞争力的提升其实会抵消环境成本的上升，最终带来出口利益的增加。

除了纺织品之外，其余三个环境敏感性行业的人均 GDP 指数 *PY* 和外生环境规制 *ER* 对各自出口利益的影响均呈正相关，而且基本上全部通过了显著性检验。这意味着当前我国钢铁、化学和制药三个环境敏感性行业的出口利益的大小与我国内外生环境规制大小密切相关，其出口利益非但因为采用环境规制增加环境成本减少了，反而内外生环境规制越严苛，获取出口收入越高。因为目前环境规制提高了环境成本使纺织服装产品丧失了价格优势从而对纺织服装出口呈负效应[①]，因此，目前环境规制严苛会减少我国纺织品出口收入。但这种负效应只是短期的，长期来看，随着行业环境标准的逐步完善和环境规制的严格落实，纺织品将不受国际市场上绿色贸易壁垒的限制，有利于其出口利益的增加。

7.4 环境规制、技术创新与我国造纸业出口利益

7.4.1 我国造纸业及纸产品出口贸易概况

造纸工业同采矿业、钢铁产业、有色金属产业一样，是关系国民经济发展的重要基础原材料产业。造纸工业与上下游产业关联度强，可以拉动林业、制浆、化工、印刷、环保等行业的发展，是国际上公认的“永不衰竭”的工业。2003～2012 年，中国纸及纸板生产量年均增长 10.13%，消费量年均增长 8.54%，造纸工业已成为带动国民经济进一步发展的潜在经济增长点[②]。

造纸产业的发展与纸产品进出口贸易存在着密切联系。一方面，由于造纸业是以林木资源为基础的产业，我国属于森林资源稀缺型国家，每年需通过进口大量的造纸原料来满足国内造纸工业的发展，我国造纸业进口用汇已与石油、钢材一起，共同作为进口用汇最大的三类产品；另一方面，国内造纸产业结构的不断优化以及国产纸品质量的不断升级，又为纸产品的出口提供了保障[③]。

2012 年我国纸及纸板出口 513 万吨，较上年增长 0.79%；纸浆出口 7.99 万吨，较上年增长－19.37%；废纸出口 0.24 万吨，较上年增长－33.33%；纸制品出口 245 万吨，较上年增长 0.82%。2012 年我国出口纸及纸板、纸浆、废纸、纸制品合计 766 万吨，较上年增长 0.52%，创汇 138 亿美元，较上年增长 4.55%。出口纸及纸板平均价格为 1226.39 美元/吨，较上年平均价格增长

① 姚蕾，宁俊. 国内环境规制对纺织服装出口贸易影响的实证研究[J]. 纺织学报，2013(06)：107-112.

② 郑义，刘燕娜. 中国纸产品主要出口国的贸易竞争关系[J]. 发展研究，2013，(06)：84.

③ 孙龙益，王雪梅，黄丹. 纸产品贸易与我国造纸业发展的互动关系研究[J]. 林业经济，2012，(11)：61.

－2.75％；出口纸浆（以棉短绒纸浆为主）平均价格为1588.88美元/吨，较上年平均价格增长－31.63％；出口废纸平均价格为334.17美元/吨，较上年平均价格增长54.86％[①]。见表7.3所示。

表7.3　中国纸浆、废纸、纸及纸板、纸制品出口情况

品种	2011年（万吨）	2012年（万吨）	同比增长（％）
一、纸浆	9.91	7.99	－19.37
二、废纸	0.36	0.24	－33.33
三、纸及纸板	509	513	0.79
1. 新闻纸	12	0	
2. 未涂布印刷书写纸	83	101	21.69
3. 涂布印刷纸	163	177	8.59
其中：铜版纸	138	141	2.17
4. 包装用纸	6	5	－16.67
5. 箱纸板	10	7	－30.00
6. 白纸板	97	83	－14.43
7. 生活用纸	65	53	－18.46
8. 瓦楞原纸	6	7	16.67
9. 特种纸及纸板	61	65	6.56
10. 其他纸及纸板	16	15	－6.25
四、纸制品	243	245	0.82
总计	762.27	766.23	0.52

注：数据来源于海关总署及中国造纸工业2012年度报告。

7.4.2　环境规制、技术创新对我国造纸业及纸产品出口利益的影响

造纸及纸制品业是我国的传统制造业，但由于生产过程中存在化学需氧量（Chemical Oxygen Demand，COD）与氨氮排放量过大、废水排放超标等严重污染环境的问题，已成为国家重点治理的污染密集型产业之一，也是迫切需要通

① 中国造纸工业2012年度报告[J]. 中华纸业，2013，34(11)：17.

过实施绿色技术创新，提升环境保护能力的产业①。从20世纪80年代中后期开始，我国采取了一系列严厉的环境规制工具，以解决造纸及纸制品企业的环境污染问题。例如实施集中制浆与治污；对严重影响水质的排污企业实行关、停、并、转、迁；对技术落后、污染严重而又无力治污或无法稳定达标的企业予以淘汰等。那么这些环境规制工具能否激励企业提升其国际竞争力②？

1. 模型设计和数据来源

依旧沿袭第5章中将环境规制、技术创新及其国际竞争力纳入同一框架的研究思路，根据研究目标，建立以国际竞争力为因变量，环境规制和技术创新为自变量的计量模型：

$$TC_t = a + b_1 f(ER_t) + b_2 f(T_t) + \varepsilon_t \tag{7.8}$$

上式中，TC 指国际竞争力，用"贸易竞争指数"表示；ER 表示环境规制严度，用"环境污染治理投资额"表示；T 表示技术创新，用"R&D 经费"来表示。上述变量中2003～2012年的数据来源于历年的《中国统计年鉴》，1991～2002年的数据来源于吴国松撰写的载于2007年第11期上《我国环境保护强度对产业竞争力影响的实证分析——以我国造纸业为例》一文。为消除变量中的异方差，对 ER 进行了对数处理。

贸易竞争指数 TC 用公式表示如下：

$$TC = \frac{X - M}{X + M} \tag{7.9}$$

其中，X、M 分别表示某产业一定时期内出口额和进口额。TC 的取值范围在[−1,1]，若其值小于0，表示该产业处于竞争劣势地位，反之则表示该产业处于竞争优势地位。表7.4表明，目前我国造纸业的国际竞争力还不强，甚至还处于劣势地位。

表7.4　我国造纸业的贸易竞争指数

年份	*TC*	年份	*TC*
1991	−0.5063	2002	−0.4156
1992	−0.5313	2003	−0.624
1993	−0.604	2004	−0.64836

① 吴国松.我国环境保护强度对产业竞争力影响的实证分析：以我国造纸业为例[J].华东经济管理，2007,(11):34-38.

② 李婉红，毕克新，曹霞.环境规制工具对制造企业绿色技术创新的影响：以造纸及纸制品企业为例[J].系统工程，2013,31(10):112.

续表

年份	TC	年份	TC
1994	−0.5959	2005	−0.45021
1995	−0.612	2006	−0.20314
1996	−0.5678	2007	−0.05019
1997	−0.5547	2008	−0.03608
1998	−0.5688	2009	−0.2168
1999	−0.6466	2010	−0.23587
2000	−0.4763	2011	−0.22688
2001	−0.4221	2012	−0.14899

2. 实证分析

本节所采用的研究方法为时间序列的协整检验和 Granger 因果关系检验。同时，在协整检验之前，需要对变量进行平稳性检验。所用计量软件为 Eviews 6.0。具体步骤如下[①]：

第一步，平稳性检验。利用经典的 ADF 检验方法实证检验 TC_t、ER_t 和 RD_t 序列的稳定性。由于三个变量的水平序列具有非零均值和上升趋势，如图 7.4 所示，所以在在对其进行单位根检验时，要选取截距项和时间趋势。从表 7.5 可以看出，TC_t、ER_t 和 RD_t 三者的 ADF 检验值均大于 5%显著性水平下的临界值，因此，接受存在单位根的原假设，且通过了平稳的显著性检验。即说，TC_t、ER_t 和 RD_t 是平稳序列，且具有相同的协整阶数——I(0)。

表 7.5　ADF 单位根检验结果

序列	ADF 检验值	滞后期	5%临界值	结论
TC	−3.837056	4	−3.658446	平稳
ER	−3.969683	4	−3.690814	平稳
T	12.23945	4	−3.690814	平稳

注：临界值是由 Mackinnon 给出的数据计算出来的。

第二步，协整检验。在第一步的基础上，利用 JJ 协整检验方法实证检验三者间是否存在长期协整关系。

① 章秀琴. 安徽出口贸易、经济增长与能源消费关系的实证分析[J]. 安徽工程大学学报，2011，26(03)：69.

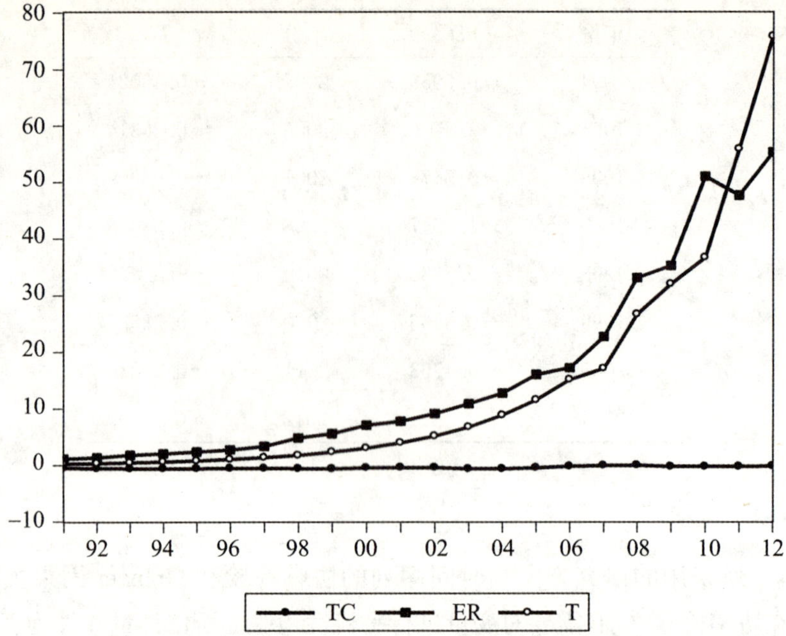

图 7.4　我国造纸业 TC、ER 与 T 之间的关系

由第一步可知，TC_t、ER_t 和 RD_t 同为零阶单整序列，这是协整检验的前提。我们选择 JJ 协整检验方法，检验结果如表 7.6 和表 7.7。

表 7.6　JJ 协整检验的特征根迹检验结果

原假设（协整方程个数）	特征值	迹统计量	5%临界值	*P* 值**
无协整 *	0.799382	48.58323	29.79707	0.0001
最多一个 *	0.544313	16.45619	15.49471	0.0357
最多二个	0.036190	0.737220	3.841466	0.3906

表 7.7　JJ 协整检验的最大特征值检验结果

原假设（协整方程个数）	特征值	最大特征值统计量	5%临界值	*P* 值**
无协整 *	0.799382	32.12704	21.13162	0.0010
最多一个 *	0.544313	15.71897	14.26460	0.0292
最多二个	0.036190	0.737220	3.841466	0.3906

注：* 表示拒绝 5%显著性水平的原假设；* * MacKinnon－Haug－Michelis (1999) p－values。

从表 7.6 和表 7.7 可以发现,协整检验的特征根迹检验和最大特征值检验的对应原假设 None 和 At most 1 的检验统计量均大于 5%显著性水平下的临界值,这意味着可以在 95%的置信水平下拒绝无协整关系和拒绝最多存在一个协整方程的假设,表明变量 TC_t、ER_t 和 RD_t 之间在 5%显著性水平下存在两个协整方程,整理后只有一个方程符合要求,如表 7.8 所示。

表 7.8　标准化的协整参数

TC	*ER*	*T*
1.000000	−0.013640	−0.029206
	(0.03665)	(0.00466)

检验结果显示,在 5%的显著性水平上,我国造纸业的国际竞争力 *TC*、环境规制 *ER*、技术创新 *T* 这 3 个变量之间存在一个标准化的协整方程为:

$$TC_t = -0.013640ER_t - 0.029206T_t \qquad (7.10)$$

协整方程(7.10)表明,我国造纸业的国际竞争力与环境规制呈负相关,即环境规制严度越高,其国际竞争力会越小,这点符合传统学派的观点。但同时,我国造纸业的国际竞争力与技术创新也呈负相关,即我国技术创新水平越高,造纸业的国际竞争力反而会越小。这显然是一种悖论。这种悖论的出现,一方面可能是因为当前我国造纸业及其制品的劳动密集型和资源密集型的特征在国际市场上根深蒂固,纵使我国造纸业进行了一定程度的技术创新,偏好清洁技术和环境友好型的纸制品的国际市场上的消费者并不买账,客观上来说,表 7.4 中的数值也反映了我国造纸业一直处于国际竞争力的劣势地位;另一方面,在本部分使用我国开发和实验的经费代替造纸业的技术创新也不够全面和科学,究竟这些经费的多少比例被真正使用在对造纸业的技术创新方面不得而知,假若真有相当一部分经费投入在造纸业的技术创新上,那么这些经费的使用仅仅表示技术创新的投入,经费的投入是否就一定在实际生产中转化成了生产率也不得而知。

第三步,因果性检验。利用 Granger 因果关系检验方法,实证分析 TC_t、ER_t 和 RD_t 三者之间的因果关系。检验结果见表 7.9 所示。

表 7.9　Granger 因果关系检验结果

零假设	样本量	F 统计量	P 值
ER 不是 *TC* 的 Granger 原因	20	6.19114	0.0110
TC 不是 *ER* 的 Granger 原因	1.12968	0.3491	

续表

零假设	样本量	F统计量	P值
T不是TC的Granger原因	20	5.33262	0.0178
TC不是T的Granger原因	1.45637	0.2642	
T不是ER的Granger原因	20	0.85686	0.4443
ER不是T的Granger原因	1.22834	0.3206	

由表7.9可知，在5%显著性水平下，P值为0.349 1＞0.05，0.264 2＞0.05，0.444 3＞0.05，0.320 6＞0.05，即说接受原假设“TC不是ER的Granger原因”“TC不是T的Granger的原因”“T不是ER的Granger的原因”“ER不是T的Granger原因”，说明我国造纸业的技术创新与环境规制不是互为Granger因果关系，验证了“波特假说”并不成立，因为只有恰当的环境规制才可以促进技术创新；同时国际竞争力的变化不是环境规制和技术创新变化的Granger原因。P值为0.011 0＜0.05，0.017 8＜0.05，即表明拒绝原假设“ER不是TC的Granger原因”“T不是TC的Granger的原因”，说明我国造纸业的环境规制的变化是其国际竞争力变化的Granger原因，技术创新变化也是我国造纸业国际竞争力变化的Granger原因。

3. 结论与建议

我国造纸业的国际竞争力、环境规制和技术创新之间有着长期的协整关系，而且，环境规制的弹性系数和技术创新的弹性系数均为负值，两个数值分别为−0.013 640和−0.029 206。这表明，长期内，我国造纸业的国际竞争力的提升与其环境规制和技术创新呈负相关关系，进一步比较两者弹性系数的大小，发现我国造纸业的国际竞争力的提升与其环境规制关系甚微，而主要取决于技术创新的大小。

从三个变量之间的因果关系来看，我国造纸业的技术创新与环境规制之间不存在双向因果关系，国际竞争力的变化不是环境规制和技术创新变化的Granger原因；环境规制的变化是我国造纸业的国际竞争力变化的Granger原因，技术创新变化也是我国造纸业国际竞争力变化的Granger原因。

根据前面分析和上述结论，我们提出提升我国造纸业国际竞争力的建议：

一是积极推进林纸一体化工程，保证原材料供应。我国是一个少林的国家，2010年中国造纸工业对进口纤维原料的依存度高达40%以上，这会给我国造纸行业的原材料供应带来巨大的风险。因此，实行林纸结合，积极推进林纸一体化工程，突破造纸业原材料供应的瓶颈，对于提高我国造纸业的国际竞争力具有非常重要的意义[①]。林纸一体化可以通过造纸公司、营林公司与林业基地多样化的合作来采取多种发展模式："公司＋公司"模式，即造纸公司与营林公司相结合，通过签订合同以保证造纸所需原料的供应；"公司＋基地"模式，即公司自办林业基地，在定向培育、合理作业、合理采伐、集约经营基础上保证原料供应的稳定性和连续性；"公司＋基地＋农户"模式，公司与拥有林地的集体或农户达成协议，使林业基地为公司提供稳定的木材供应[②③]。

二是加大技术开发和创新力度，提高产品质量。我国造纸业规模偏小，自主创新能力不强，在技术上过分依赖欧美，大型先进设备基本依靠进口。为了提升我国造纸业及纸产品在国际市场上的竞争力，在积极推进林纸一体化战略的同时，还要加大自主研究和自主技术创新的投入，提高废纸回收和利用率，以及利用高新、先进的低定量、高填料造纸技术、涂布加工技术、中性造纸技术，将中国的纸产品向高档、特种、多品种方向推进(竺杏月，2009)；另外，我国造纸企业应不断加大研发投入，跟踪研究国际前沿技术，发展具有自主知识产权的先进实用技术和装备，并通过不断技术升级、技术创新等手段，提升技术装备水平[④]。

三是合理恰当地使用环境规制工具，实现绿色造纸。推动造纸企业实现绿色生产并不存在单一的最优环境规制工具，不同类型环境规制工具具有自己的特点。实施命令—控制型规制工具会迫使造纸及纸制品企业为了迅速达到政府规定的排污标准或者技术标准，通常采取"末端治理"的模式来投资排污设备以减少排污量，但没有对生产的中间环节进行绿色技术创新而出现"治标不治本"的现象。市场型环境规制工具主要是通过征收污水排污费、水资源费、排污权交易等方式促使造纸及纸制品企业减少污染物排放，因此企业更多关注如何通过使用成熟的绿色工艺、治污设备等降低污染物的排放，但不能促进企业进行绿色产品创新。自愿型环境规制或称为相互沟通型环境规制主要基于激烈的市场竞争，通过生产绿色产品、治理可见的污染物，从而满足消费者对绿色环保型纸产品的需求，从消费者的需求角度考虑，通常接近消费者的最终产品和可见的污染物，但消费者无法监管纸产品的生产工艺和生产过程[⑤]。因此，政

---

① 张吉国，胡继连. 中国林纸产品国际竞争力实证研究[J]. 林业经济问题，2004，24(2)：80.

② 竺杏月，张智光. 我国纸产品出口贸易国际竞争力的实证研究[J]. 江西农业学报，2009，21(10)：163.

③ 邹毅实，杜姗姗，张智光. 林纸一体化模式分析与探讨[J]. 中国造纸，2006，25(7)：64.

④ 郑义，刘燕娜. 中国纸产品主要出口国的贸易竞争关系[J]. 发展研究，2013(06)：86.

⑤ 李婉红，毕克新，曹霞. 基于IT驱动的制造企业工艺创新动力源研究[J]. 科研管理，2011(12)：17-25.

府应根据不同类型环境规制工具的成本收益、不同环境规制的效率以及造纸企业的实际情况对环境规制工具进行合理组合，从而有效促进企业实行绿色造纸。

本章基于出口收入指数法，测度分析了我国环境敏感性行业出口贸易利益，总体上来看，我国环境敏感性行业出口利益均呈增加态势，其中，纺织品增长最快，药品增加最少。纺织品行业获取出口利益最大，其次是钢铁制品，最后两位是化学品和药品，这表明当前我国仍旧依靠劳动密集型和资源密集型两大行业的出口来获取贸易利益，而资本和技术密集型产品的出口不能为我国带来较多的贸易利益。

进一步构建面板数据计量模型，实证分析了我国环境敏感性各行业出口利益的影响因素及其影响机制，发现对4个行业影响方向相同的是外资比重FDI和污染处理技术PT。外资比重FDI是对我国4个环境敏感性行业影响最大的因素，两者在各行业中均呈显著性正相关。这反映了外资进入促进了我国环境敏感行业技术水平的提高和贸易利益的显著增加。伴随着全球产业梯度转移的浪潮，外资首选转出的是污染密集型行业。因此，引进外资时，一定要注意当地环境和经济的协调发展，选择适应当地环境承载力的行业，同时规范各个环境敏感性行业的环境规制，以避免其成为"污染天堂"。另一个是污染处理技术PT，4个环境敏感性行业的PT对其出口利益的影响均通过了显著性检验，且呈正相关。这也验证了环境敏感性产品出口朝着使用清洁技术生产的方向进行是必然的趋势。

对于资源密集型行业的钢铁行业和技术密集型的化学和制药业，它们的出口利益与内生、外生环境规制均显著性正相关。这也可能是由于在上述行业中环境规制成本占总成本比例很小(Jaffe，1995)，同时这也印证了波特假说，即恰当设计的环境规制能激励技术创新和创造先行者优势。可见，环境规制的严苛促使我国大部分钢铁、化学和制药企业进行工艺改进并从源头上采取节能降耗减排措施，不仅弥补了环境投资导致的成本上升，而且提高了企业的资源利用率与产品附加值，从而使企业自身国际竞争力得以提升，进而增加了出口收入。

对于劳动密集型的纺织行业，其出口利益与KL负相关不难理解，而与内生、外生环境规制均显著性负相关，其结论为何与纺织业完全相反？这意味着政府在实行纺织行业环境规制时要循序渐进。因为纺织品作为我国具有一定国际竞争力的主要传统出口产品，短时间内各项环境规制的实施势必给纺织企业带来了巨大的成本压力，因此，制定和实施相关环境政策时一定要把握时机，循序渐进，留给他们一定的空间和时间将环境成本转化成环境竞争力。实施环境规制的同时，应该配套以资金的支持，降低短期内因为研发新技术和新产品带来成本的上升。重点支持研发先进纺织技术、开发高档面料以及使用先进清洁技术等在设计、生产、营销环节的创新活动，激发环境规制的贸易创造效应和贸易结构效应。

我国造纸业的国际竞争力、环境规制和技术创新之间有着长期的协整关系，而且，环境规制的弹性系数和技术创新的弹性系数均为负值；我国造纸业的技术创新与环境规制之间不存在双向因果关系，国际竞争力的变化不是环境规制和技术创新变化的 Granger 原因；环境规制的变化是我国造纸业的国际竞争力变化的 Granger 原因，技术创新变化也是我国造纸业国际竞争力变化的 Granger 原因。因此，为提升我国造纸业国际竞争力，要积极推进林纸一体化工程，保证原材料供应；加大技术开发和创新力度，提高纸产品质量；恰当合理地使用环境规制工具，实现绿色造纸。

第 8 章　研究结论、政策建议与展望

8.1 研究结论

作者从分析可持续发展下对外贸易利益的内涵与衡量入手，并在环境规制对贸易影响的分析框架下，通过理论与实证分析环境规制对我国出口贸易的影响，基于绿色投入—产出分析法实证分析了我国的外贸结构合理度，并以我国环境敏感性产业为研究对象，分别检验了环境规制不促进创新情况下对我国出口竞争力的影响的差异，和环境规制促进创新情况下对我国出口贸易利益的影响。得出了以下重要的结论：

(1)贸易结构和贸易条件是衡量贸易利益的两个主要指标，近期又兴起了用出口技术含量衡量对外贸易利益。在低碳经济环境下，需要在上述三个指标中加入资源和环境因素。第一，基于绿色投入—产出表基础上，计算出绿色影响力系数和绿色感应度系数，确定引入资源和环境因素后的支柱产业和瓶颈产业，并以对应行业产品进出口占比作为因子，最终可以确定出低碳经济环境下外贸结构的合理度。绿色外贸结构合理度越高的行业，则其绿色贸易利益会越大；反之，则越小。第二，基于环境成本内部化，使产品价格包括环境成本在内的全部实际成本，此时的收入贸易条件一定程度上衡量了考虑环境效应后的真实贸易利益。理论上来说，环境成本内部化后的收入贸易条件越高，则本国绿色贸易利益越大；反之，贸易利益则越小。第三，在 Hausmann 等人的出口收入指数基础上，设计一个计算出口产品国内技术含量的指标。因为某一出口产品的全部技术含量不仅是由所在环节的技术含量决定的，也是由其中间投入品的技术含量决定的，所以我们运用绿色投入—产出表剥离中间投入品技术含量中进口所贡献的份额，从而得到该产品的国内技术含量。

(2) 运用基本成本函数分析了实施环境规制会从两个方面影响出口企业的环境成本：一方面，在环境规制的基础上被要求支付的环境成本，因为要达到环境规制的要求被要求支付的改进生产工艺流程或增加环保设备的投入，和用于资源恢复或者治理环境的支出，否则达不到环境规制的要求，企业还被要求为超过部分支付环境损害赔偿费。另一方面，是因为实施环境规制带来的各方面的环境机会成本，即指在服从环境规制以外出口企业面临的各种不利因素，通常因不良的环境业绩而丧失竞争和发展的机会。这两个方面的环境成本均会对出口企业的生产和决策成本产生影响，也会对出口企业乃至产业的产出和国际竞争力产生直接或间接的影响。

在开放经济系统下，在三种不同情况下，国内企业的竞争力会受到不同的影响。第一种情况，若国内两家企业都继续使用目前的技术，则本国更严格的环境监管将会无条件改善和提高外国企业的福利，但是，有可能在某些情况中，根据许可证市场的性质，他们的改善将低于国内企业。第二种情况，若国内两家企业均尝试创新，并以相同成本获得更好的技术情况下，当国内环保法规变得更加严格，而且环境规制变化后国内企业进行了创新，如果 $rP^E > R_E\tilde{P}^E$，国内企业的市场份额将会增加；相比较外国公司来说，本国公司将承担更高水平的减排；同时在一定条件下国内企业将更有竞争力。第三种情况，若国内其中一家企业试图创新而另一家则保持其原有的技术情况下，创新公司的市场份额将会比非创新企业的大，如果 $rP^E > R_E\tilde{P}^E$，其市场份额也比两个外国公司的大；而国内创新企业的减排将超过其他公司；同时在研发满足一定条件下，其竞争力将会比所有其他公司上升得多。

环境政策的变化不仅会影响经济的供给方面也会影响其需求方面。当环境监管在本国变得更加严格时，对国产商品的需求可能会增加。如果消费者更偏好在严格的环保法规下生产的产品(即以环境更友好的方式)，那么提高被监管企业的国际竞争力就变得更容易。

(3) 借鉴北京大学雷明教授的方法，基于可持续发展理论在传统投入—产出表的框架基础上，计算了低碳经济环境下我国外贸结构的合理度。2007 年我国 18 个部门全部商品出口的绿色合理度指数为 0.769 096 125。若我国今后几年的绿色出口合理度指数大于 0.769 096 125，则表明我国出口商品结构在向着更合理的方向发展，自然会带来更高的绿色出口利益；反之，表明我国出口商品结构向着不合理的方向发展，绿色出口利益在减少。

(4) 内生和外生环境规制对我国污染密集型产品的出口竞争力的影响均呈倒 U 形，即起初出口竞争力随着环境规制更加苛刻而提高，到达拐点后，则随着环境规制加强而下降。目前,我国在环境规制中主要运用命令与控制政策为主,市场机制政策为辅。诚然,命令与控制政策可以快速地控制各类污染排放,但缺乏效率且不利于技术创新;市场机制政策具有灵活性和激励性等优点,但具有末端治理和较高的实施成本等缺点,而且,更为关键的是,两种环境规制工具都易出现不管就反弹的机会主义,这是倒U形出现的主要原因。

(5) 基于出口收入指数法,测度分析了我国4类环境敏感性行业出口贸易利益,总体上来看,我国四类环境敏感性行业出口利益均呈增加态势,其中,纺织品增长最快,药品增加最少。纺织品行业获取出口利益最大,其次是钢铁制品,最后两位是化学品和药品,这表明当前我国仍旧依靠劳动密集型和资源密集型两大行业的出口来获取贸易利益,而资本和技术密集型产品的出口不能为我国带来较多的贸易利益。

外资比重FDI是对我国4个环境敏感性行业影响最大的因素,且呈显著性正相关。这反映了外资进入促进了我国环境敏感行业技术水平的提高和贸易利益的显著增加。污染处理技术PT对环境敏感性行业出口利益的影响也通过了显著性检验,且呈正相关。这也验证了环境敏感性产品出口朝着使用清洁技术生产的方向进行是必然的趋势。对于资源密集型行业的钢铁行业和技术密集型的化学和制药业,它们的出口利益与内生、外生环境规制均显著性正相关。这也可能是由于在上述行业中环境规制成本占总成本比例很小(Jaffe,1995),同时这也印证了波特假说,即恰当设计的环境规制能激励技术创新和创造先行者优势。对于劳动密集型的纺织行业,其出口利益与资本和劳动要素投入比例KL负相关,而与内生、外生环境规制均显著性负相关。

同时采用了协整检验和Granger因果检验实证分析了我国造纸业的国际竞争力、环境规制和技术创新之间有着长期的协整关系,而且,环境规制的弹性系数和技术创新的弹性系数均为负值;我国造纸业的技术创新与环境规制之间不存在双向因果关系,国际竞争力的变化不是环境规制和技术创新变化的Granger原因;环境规制的变化是我国造纸业的国际竞争力变化的Granger原因,技术创新变化也是我国造纸业国际竞争力变化的Granger原因。

8.2 政策建议

基于上述研究结论，作者试图为可持续发展背景下提升我国对外贸易的利益提出如下政策建议：

(1) 完善我国的环境准入门槛制度和环境监测及评估制度。由于纺织服装鞋帽皮革羽绒及其制品业等非能源产品的“隐性能源”的输出，正逐渐代替能源产品的“显性”能源的输出，以及机械、电子、电气设备制造业的废气、废水和废渣的间接污染则逐渐凸显，所以理论上可以通过绿色投入—产出模型和环境成本内部化来衡量绿色贸易利益，而且绿色投入—产出核算法和环境成本内部化确实可以揭示我国为贸易伙伴承担了隐含的能耗成本和隐含的环境成本。但由于实践过程中自然资源定价的复杂性和确定环境成本的困难性，使得据此确定的绿色外贸结构合理度、绿色出口收入指数和绿色贸易条件指数的科学性会受到影响。因此从长远来看，要加强环境监管制度，在坚持对外贸易不断开放的同时，要将“隐性能耗”“隐性排放”对我国对外贸易利益的影响考虑在内，科学合理核算这些隐性因素的影响，要不断完善我国的环境准入门槛制度和环境监测及评估制度。

(2) 不断优化我国的绿色贸易结构。一方面，要转变对外贸易发展方式，实行资源节约型和环境友好型的经济贸易发展战略。由于我国的绿色支柱产业是以能源行业为主，如煤炭开采和洗选业，石油和天然气开采业，石油、炼焦、核燃料加工业，燃气生产和供应业，电力、热力、水生产供应业。因此，需要加快自主科技创新，不断促进我国经济贸易增长的动力从高能耗、高污染为主向清洁型驱动转变，积极推动我国能源结构的升级优化，提高我国能源的利用效率，同时大力开发包括太阳能、生物质能、燃料电池、氢能等新型能源和清洁能源。另一方面，积极合理地利用外资。由于我国绿色“瓶颈”产业主要分布在工业各部门：机械/电子/电气设备制造业、金属产品制造业、其他工业、化学工业，因此，首先要有选择地吸收和引导外资投向资源消耗低和附加值高的先进制造业，以及知识含量高的高新技术产业，如计算机软件、集成电路、光电显示、移动通信、生物制药等。其次，抓住全球第四次产业转移的有利时机，积极承接国际服务业的外包，吸引外资，加大向现代服务业投资的力度。加大对科技服务业、信息服务业、金融保险业等新兴服务业的投资力度，不断推进外资投向现代物流业、中介服务业、商务会展业、旅游休闲业、商贸餐饮业、社区服务业等传统服务业。

(3) 加强环境管理,不断提高环境敏感性产品的出口竞争力。实证研究发现,实施环境规制没有降低出口竞争力,说明此阶段情况恰好印证了波特假说,无论如何,实施环境规制很有必要。目前,我国在环境规制中主要运用命令与控制政策为主,市场机制政策为辅。但由于命令与控制政策和市场机制政策两种环境规制工具具有末端治理、较高的实施成本以及不管就反弹的机会主义,因此,我国环境规制的发展方向应该是朝着具有较低的实施成本,能充分调动公众、企业参与环境治理的以信息手段和公众参与为特点的环境规制方向发展。

由于我国目前已处在内生环境规制拐点的右边,表明随着我国人均 GDP 水平的提高,我国环境敏感性产品出口竞争力正在不断降低。这就需要改变倒 U 形为 S 形,即在我国经济发展水平不断提高的情况下,既要加强环境管理,同时,又要不断提高环境敏感性产品的出口竞争力。这就需要政府实施环境规制时,一方面,可以借鉴美国的做法引入成本—收益法,以收益超过成本及社会净福利最大化为评价标准,分析环境规制对就业、经济增长、出口、环境和生产效率等的总影响。另一方面,加强环境规制,既要改善环境质量,又要提高生产效率提高其出口竞争力,就必须有效整合环境规制政策和科技创新政策。环境规制要推动科技创新,科技创新在提高生产率的同时要促进环境保护。

(4) 提高自主创新水平和能力,获取来自于创新驱动型的竞争优势的出口贸易利益。对我国环境敏感性行业分行业出口收入指数的分析表明,能够获得较高出口贸易利益的行业,集中在劳动密集型和资源密集型行业,这在一定程度上也反映了我国主要依靠廉价劳动力、自然资源和出口规模来获取出口贸易利益,但出口产品的技术含量低,资本和技术密集型产品的出口不能为我国带来较多的贸易利益。因此,我国应该从根本上改变长期依赖廉价劳动力、自然资源消耗和环境成本外部化获取出口贸易利益的状况,不断积累物质资本及人力资本,加大 R&D 投入,提高自主创新水平和能力,从而形成创新驱动型的竞争优势,进而获取相应的出口贸易利益。

另一方面,要创新合作发展模式,实行林纸结合,积极推进林纸一体化工程,突破造纸业原材料供应的瓶颈,对于提高我国造纸业的出口利益具有非常重要的意义。林纸一体化可以通过造纸公司、营林公司与林业基地多样化的合作来采取多种发展模式。

(5) 规范我国各个环境敏感性行业的环境规制,以避免成为"污染天堂"。伴随着全球产业梯度转移的浪潮,外资首先转出的是污染密集型行业。因此,引进外资时,一定要注意当地环境和经济的协调发展,选择适应当地环境承载力的行业,同时规范各个环境敏感性行业的环境规制,以避免其成为“污染天堂”。同时,环境敏感性产品出口是朝着使用清洁技术生产的方向进行是必然的趋势。

严苛的环境规制促使我国资源密集型行业的钢铁、化学和制药企业进行工艺改进并从源头上采取节能降耗减排措施,不仅弥补了环境投资导致的成本上升,而且提高了企业的资源利用率与产品附加值,从而使企业自身国际竞争力得以提升,进而增加了出口利益。

政府在对劳动密集型的纺织行业实行环境规制时要循序渐进。因为纺织品作为我国具有一定国际竞争力的主要传统出口产品,短时间内各项环境规制的实施势必给纺织企业带来了巨大的成本压力,因此,制定和实施相关环境政策时一定要把握时机,循序渐进,留给他们一定的空间和时间将环境成本转化成环境竞争力。实施环境规制的同时,应该配套以资金的支持,降低短期内因为研发新技术和新产品带来成本的上升。重点支持研发先进纺织技术、开发高档面料以及使用先进清洁技术等在设计、生产、营销环节的创新活动,激发环境规制的贸易创造效应和贸易结构效应。

恰当合理地使用环境规制工具,实现绿色造纸。推动造纸企业实现绿色生产并不存在单一的最优环境规制工具,不同类型环境规制工具具有自己的特点。因此,政府应根据不同类型环境规制工具的成本收益、不同环境规制的效率以及造纸企业的实际情况对环境规制工具进行合理组合,从而有效促进企业实行绿色造纸。

8.3 研究展望

本研究从分析可持续发展下对外贸易利益的内涵与衡量入手,并在环境规制对贸易影响的分析框架下,通过理论与实证分析环境规制对我国出口贸易的影响,基于绿色投入—产出分析法实证分析了我国的外贸结构合理度,并以我国环境敏感性产业为研究对象,分别检验了环境规制不促进创新情况下对我国出口竞争力的影响的差异,和环境规制促进创新情况下对我国出口贸易利益的影响,在此基础上探寻可持续发展背景下提升我国对外贸易利益的政策和对策建议。但由于作者的学术水平有限以及囿于数据的可获得性,难免存在疏忽和不足之处，这些均有待将来进一步的深入研究。

(1) 作者提出用基于绿色投入－产出模型的对外贸易合理度和出口收入指数以及环境成本内部化后的收入贸易条件指数来衡量低碳经济环境下真实的贸易利益。但是，由于自然资源定价的复杂性和环境成本确定的困难性，以及如何选择绿色投入—产出模型中的能源恢复部门、污染治理部门、生产部门等，使得据此确定的绿色支柱产业、绿色瓶颈产业以及绿色外贸结构合理度的科学性会有差异。同时，由于环境成本内部化手段多样化，在具体实施“污染者付费”原则时面临确定污染的责任方及成本分担、利益分配等问题上具体操作难度大，企业外部环境成本披露制度不规范，以及外部环境成本未真正纳入企业的会计核算体系等，需要以后的研究中需要选择科学合理的外部成本核算方法进行环境成本内部化核算。

(2) 本研究的另一个不足之处是鉴于一国人均 GDP 与其环境质量的动态关系，视人均 GDP 为内生环境规制。根据环境库兹涅兹倒 U 形曲线，开始一国 GDP 水平的提高是以环境不断恶化为代价的，但是，到达拐点后，GDP 提高的同时环境质量也不断改进。因此，一国人均 GDP 水平越高，则越重视环境质量的改善，也即环境规制会越苛刻。但是，环境规制的内生力量除了来源于国家经济发展阶段以外，还应该考虑源于企业经济效益、社会效益和环境效益最大化的追求。同时，在国际市场上，一个产业产品的出口优势来源应该从国家、企业及其介于国家和企业之间的部门支持体系三个层次来分析，因此仅从国家层次来分析我国环境敏感性产品出口竞争优势不够全面①。

(3) 作者对我国环境敏感性行业的合并与划分带有个人主观性，所选的环境敏感性行业类型和目标国家数量还可以再增加一些，相关数据的处理方法有待改进，计量模型的研究方法有待进一步完善，环境规制的对象还可以更接近现实。例如，本书主要研究的是针对地区性环境污染采取的环境规制的竞争力效应，若能针对像全球气候变暖这样的全球性环境污染采取的环境规制的竞争力效应和出口贸易利益效应，则无疑会很好丰富和充实该项研究的成果。

---

① 章秀琴，张敏新. 环境规制对我国环境敏感性产品出口竞争力影响的实证分析[J]. 国际贸易问题，2012，(05)：135.

后记

本书是在我的博士论文基础上完成的。回首过去，思绪万千，感激之情难于言表。

首先特别感谢我的导师张敏新教授。从选题、研究框架的制定到最终定稿，张老师都给予了精心的指导。他渊博的学识和开阔的思维，总是令我钦佩和折服，也使我获益匪浅。但囿于自身研究能力和知识储备的有限，本书还有许多不足、疏漏，今后我当继续本课题的研究，使之不断臻于完善。

感谢博士研究生学习期间南京林业大学经济管理学院的蔡志坚教授、张红霄教授、沈文星教授、张智光教授、温作民教授、沈杰教授以及肖平教授的谆谆教诲和辛勤劳动，他们富有启迪的课堂教学、深邃的学术思想和崇高的敬业精神，让我印象深刻，且将终身受益。

感谢安徽工程大学管理工程学院各位领导和同事对我攻读博士学位的支持、帮助和关怀。感谢参考文献的所有研究者们，他们的智慧结晶为本书开拓了研究思路并奠定了厚实的研究基础。

感谢南京农业大学经管学院朱晶教授、苏群教授，东北林业大学经管学院曹玉昆教授等各位专家评委，拨冗为本书进行审阅和点评，他们的宝贵意见将成为我下一步开展研究的重要养料。

最后深深感谢我的家人给予我莫大的支持、信心、鼓励和爱。

章秀琴

2015 年 9 月